谨以此书献给所有不甘于平凡的人们

手心向上是求人，手心向下是助人；求人痛苦，助人快乐。

优秀员工是企业提高核心竞争力实现永续发展的基石

优秀员工是这样工作的

王晓联◎编著

企业渴求优秀员工，老板青睐优秀员工，每一个员工也希望成为优秀的员工，优秀员工是企业最大的财富，是老板最欣赏的人才，是员工最敬佩的楷模，也是个人成功的标志。

中国言实出版社

图书在版编目(CIP)数据

优秀员工是这样工作的/王晓联编著.
一北京:中国言实出版社,2010.10
ISBN 978-7-80250-323-6

Ⅰ.①优…
Ⅱ.①王…
Ⅲ.①工作方法一通俗读物
Ⅳ.①B026-49

中国版本图书馆CIP数据核字(2010)第158635号

出版发行 中国言实出版社
地　址:北京市朝阳区北苑路180号加利大厦5号楼105室
邮　编:100101
电　话:64924716(发行部)　64963101(邮　购)
64924880(总编室)　64914138(四编部)
网　址:www.zgyscbs.cn
E-mail:zgyscbs@263.net

经　销 新华书店
印　刷 北京市德美印刷厂
版　次 2012年2月第1版　2012年2月第1次印刷
规　格 710毫米×1000毫米　1/16　15印张
字　数 200千字
定　价 29.80元　ISBN 978-7-80250-323-6/B·240

前 言
Preface

每一个企业都渴求优秀的员工，每一位老板都青睐优秀的员工，每一个员工都希望成为优秀员工，因为优秀员工是企业最大的财富，是老板最欣赏的人才，是员工最敬佩的楷模，也是个人成功的标志。

那么，怎样才算优秀，什么样的员工才是优秀的呢？

"优秀"就是出众、出色、非常好的意思。古时候专指艺人的技艺出众，后来又用来比喻文人的才艺出众，现在也形容姿容美好、技能超群、表现出色以及其他各个方面都超出大部分人的表现。也就是说，优秀就是出色、出众，比大多数都要好的意思。由此推之，优秀员工当然也就是那些比大多数人都要做得好、做得出色的员工。

如果仔细考察各个公司里顶尖的优秀员工，我们会惊讶地发现他们有太多相似的特质——忠诚、负责、服从、执行、自动自发、克勤克俭、激情四射、智慧飞扬……如果套用一句哲人的话，就可以说——优秀的员工都是相似的，而不优秀的员工却各有各的不同！

优秀的员工都是相似的，他们都有高度的使命感和责任心，他们当仁不让，把自己当成企业的主人，把企业的事当成自己的事，积极努力地干好；他们视责任至高无上，敢于担当，勇于负责；他们忠诚敬业、爱岗敬岗，他们是爱岗敬业的标兵，他们始终把忠诚作为最高的职业准则，忠诚不移，忠贞不贰，对岗位百分之百地热爱，对企业百分之百地忠诚，忠诚是他们身上最明显的标签；他们绝对服从，不找任何借口，完美执行，不打一丝折扣。他们是不找借口的典范，服从执行的楷模；他们自动自发，自觉自愿，做任何事都不需要命令、监督和催促，就会积极行动，立即去做。他们甘心奉献，愿意付出，不计较多做一点点，更不会在意老板在与不在；他们从来不做“机器人”或是“木头人”，他们不仅勤于动手，更善于用脑，把自己的思想、智慧和见地融入自己的工作，他们总是脑中有点子、手中有法子，工作有创新、有突破；他们对工作有无与伦比的热忱，热情奔放，激情四射，活力无限，干劲十足；他们克勤克俭，厉行节约，处处都在为企业省钱，时时为企业节俭，他们精打细算，不浪费一丝一毫；他们抠门吝啬，不多花一分一厘；他们乐于合作、善于合作，懂得合作的重要性，知道1＋1＞2和团队的力量永远大于个人的道理，所以他们积极融入团队，努力奉献团队，甘心让他人变得伟大，尽力使团队变得强大，在团队的成长中促进自己的成长，在企业的成功中享受自己的成功。

这就是优秀员工的工作方式！

优秀并不神奇，任何人都可以通过改进工作方法、提升职业素质、打造职业精神而成为优秀的员工；优秀更不稀奇，优秀的员工大有人在，优秀的典范数不胜数。也就是说，如果你愿意，你也可以优秀，只要你向优秀员工学习，像他们一样去工作。

目 录

Contents

第一章 当仁不让 舍我其谁

——优秀员工把企业的事当作自己的事来干

企业不仅是老板的，也是员工的。因为企业的利益就是员工的利益，企业的发展就是员工的发展，所以企业的事也就是员工自己的事。优秀的员工总是有这种高度的主人翁意识，更有一种当仁不让的态度、舍我其谁的气概，把自己当成企业的主人，把企业的事当成自己的事，主动积极、兢兢业业地工作。

第二章 敢于担当 勇于负责

——优秀员工视责任至高无上

优秀的员工敢于担当，勇于负责，他们视责任至高无上。他们从来不怕承担责任，更不会推卸和逃避责任，他们把责任刻在心上、扛在肩上、握在手上，时时牢记自己的责任，任何时候都全力以赴，做任何工作都尽职尽责。

第三章 爱岗敬岗 忠诚敬业

——优秀员工是爱岗敬业的典范

忠诚比能力更重要，比智慧更珍贵，比世间一切的财富甚或名利都更有价值！忠诚的人不管到哪里，都会受到欢迎，得到重用。而缺乏忠诚，即使你再有通天的才华、傲世的能力，也必定会被社会所抛弃，找不到安身立命之所。优秀的员工始终坚守忠诚，因为忠诚，因为敬业，他们在最普通的岗位上也能发出钻石般的光芒。

第四章 坚决服从 完美执行

——优秀员工是不找借口的执行标兵

优秀的员工和优秀的军人一样，总是视服从为天职，不管在任何时候任何地方，服从第一。但是这种服从不是机械地服从，更不是盲从，而是甘心服从，乐于服从，没有任何借口地服从，而且及时、有效、完美地执行。优秀的员工总是服从的典范，执行的标兵。

第五章 自动自发 积极主动

——优秀员工是率先主动的楷模

自动自发是一种源自内心深处的精神，一种自觉自愿的心态。有这种精神的驱动，做任何事都不需要命令、监督和催促，就会积极行动，主动去做。有自动自发精神的员工，甘心奉献，愿意付出，不计较多做一点点，更不会在意老板是在与否。优秀员工正是这样，做任何事都不用别人交待，主动找事做，而不是等事做，这让他们直接从平凡升级优秀。

第六章 激荡脑力 挥洒智慧

——优秀员工带着思想去工作

优秀的员工绝不会是那些“机器人”或是“木头人”型的员工，就算他们怎么勤奋、努力、肯干也不行。他们只是机械地听命，死板地执行，却从来不会动脑、用心，所以他们注定与优秀无缘。而优秀的员工不仅勤于动手，更善于用脑，激荡脑力，挥洒智慧，把自己的思想、智慧和见地融入自己的工作，他们的工作总是有点子、有方法，有创新、有突破，因而他们总是能比别人表现得更加卓越和优秀。

第七章 热情满怀 激情四射

——优秀员工像热爱生命一样热爱工作

热情可以激发一个人潜在的巨大能量，释放出无与伦比的活力，让枯燥乏味的工作也会变得生动有趣，困难重重的工作也会变得轻而易举。热情能使懒惰的人勤奋，懦弱的人坚强，散漫的人专注。优秀的员工之所以优秀，就在于是热情满怀、激情四射的人。

第八章 克勤克俭 厉行节约

——优秀员工时时处处懂得为企业节俭

优秀的员工都是节俭的员工，他们做任何事情首先想到的是节俭，处处为企业省钱，时时为企业节俭，他们精打细算，不浪费一丝一毫；他们抠门吝啬，不多花一分一厘。他们把节俭当成自己的责任，任何时候都克勤克俭，厉行节约。

第九章 懂得感恩 善于合作

——优秀员工善于和同事真诚合作

优秀员工总是乐于合作、善于合作的员工。因为他们懂得合作的重要，知道 1＋1＞2 和团队的力量永远大于个人力量的道理，明白没有全能的个人，只有完美的团队。他们积极融入团队，努力奉献团队，甘心让他人变得伟大，使团队变得强大，在团队的成功中享受自己的甜蜜。

附 录

第一章　当仁不让　舍我其谁

——优秀员工把企业的事当作自己的事来干

企业不仅是老板的，也是员工的。因为企业的利益就是员工的利益，企业的发展就是员工的发展，所以企业的事也就是员工自己的事。优秀的员工总是有这种高度的主人翁意识，更有一种当仁不让的态度、舍我其谁的气概，把自己当成企业的主人，把企业的事当成自己的事，主动积极、兢兢业业地工作。

1. 舍我其谁，我就是企业的主人

企业究竟是谁的？这样的问题在平庸员工和优秀员工的眼里，有着截然不同的两种答案，平庸的员工说："企业当然是老板的，与我有什么关系？"而优秀的员工则肯定地回答："企业是老板的，也是我们的。"这样一个简单的回答，就把平庸和优秀分得清清楚楚。

一个优秀的员工，一定是具有主人翁意识的员工，是尽职尽责把企业的事情当成自己的事的员工。只有以企业主人的心态对待公司，才会成为一个老板信赖的员工，一个老板乐于雇用的员工，一个优秀的员工。

很多员工会认为，企业是老板的，我那么努力、节俭干什么？这种心态注定他与优秀无缘。如果把企业当家，把自己当成企业的主人、老板，具有老板的心态，那么，你的优秀不请自来。什么是老板心态呢？简单地说就是像老板一样对待企业，像老板一样考虑问题，像老板一样全心全意地为企业的发展和壮大贡献自己的才智和心力。

俗话说：**"不要往自己喝水的井里吐痰！"**这其实也是一种最基本的职业道德要求。企业是老板的，但同时也是你的，从你踏入企业的那一天起，你的前途与企业的命运就紧紧地连在了一起，企业兴你兴，企业衰你也衰，你和企业是一体的，你就是企业的主人，所以应该树立一种主人翁的心态，有老板一样的责任感，以繁荣企业为己任，不要诽谤它，更不要伤害它，因为轻视自己所在的企业就等于轻视自己，伤害自己。

以老板的心态对待工作，就要像老板一样，把企业当成自己的事业，用自己的行动去履行自己对企业的忠诚义务。如果你是老板，你一定会希望员工能和自己一样，更加努力，更加勤奋，更加积极主动。因此，当老板给你提出这样的要求时，你就应该尽量去做，积极努力并且富有创造性地去做。王玉来就是这样一位优秀员工。

财富，把企业当成自己的家，自己就是企业的主人，在普通的工作岗位上，努力发挥自己的光和热……王玉来说自己活得很踏实、很幸福！

多年来，王玉来在负责管理“染色母样资料库”过程中，工作完成得很出色，受到了企业主和职工的一致称道，可她对自己却越来越不放心，这是什么缘故呢？

原来，随着企业快速发展，资料库的染色母样存储量每天都在上升，样本已多达数万个。要准确查找出一个样本得花费不少时间。这使她产生了一种深深的忧虑——“人脑”容不下那么庞大的资料和数据，“好记性”显然是靠不住的，万一要是出点儿什么差错，那后果可就严重了……

她深知，要让资料库的管理上一个层次，一定要进行技术创新——借助现代信息技术的力量。她下决心建立一个“电子染色母样资料库”，她的建议获得企业高层的支持。

于是从未摸过电脑的她，从开机、关机学起，一点一点地“啃”起了信息技术新知识。经过一段时间的苦学，她终于掌握了相关技术，能自由地在网上“行走”，公司染色母样资料库，终于成功地实现了计算机管理。

实行计算机系统管理后，公司的资料库不仅染色母样保存更规范、更科学，而且查找过程既快又准确，这为促进企业快速健康发展打下了有力的基础！

在开展技术创新的同时，王玉来还努力在“节能降耗”上动脑筋。2009 年的金融危机，使杭州达利富丝绸染整有限公司遭遇前所未有的考验。要素紧张、环境制约、成本上升……王玉来自觉与企业共渡难关，努力在“开源”、“节流”上做文章。如资料库里有许多过时且到了报废期的母样。这一大堆“杂七杂八”的线，丢弃和销毁也属正常的工作程序范围。王玉来却在这上头动开了脑子，她把这些废品线整理好，有的卖给了相关企业作手工之用，有的出售给了废品公司，一年可为企业带来 4 万～5 万元的收入。

与此同时，她还积极向企业提合理化建议。如企业的打样间，原先一直采用“人工呼样”，用肉眼来“定夺”产品的合格率。她通过查阅资料，向企业建议采用电脑控制的“染液自动计量系统”。企业采用了她的建议后，打样间标准率大大提升，样品一次性成功率从 60％提高到了 90％。

据统计，几年来，她共向企业提出节能减排、增收节支等合理化建议 10 余条，被公司采纳的有 7 条，所产生的直接和间接的经济效益，共达 30 余万元。

王玉来就是这样，把自己当成企业的主人，兢兢业业地工作，忘我地奉献。

有人会说，我不过是区区一个普通员工，在整个公司里，微不足道，我能以公司为家吗？整个公司那么多人呢，我以公司为家，别人呢？

事实上，公司是一个有机的整体，每个人都是不可或缺的一部分。如果少了一个人，公司运转将受阻；如果有一个不出力，公司的前进步伐将会减速。只要每个人在岗位上干出业绩来，不管从事什么岗位，都是公司发展进程中的一员，都会得到人们的认可与尊重，而人生的荣誉和财富也就随之而来了。

19 世纪末到 20 世纪 40 年代，在剑桥大学的书摊旁，人们总能见到一个抽着雪茄、留着一撇小胡子、面带笑容的人，他就是书摊的主人戴维。戴维先生的书摊在剑桥摆了 40 多年，由于价格便宜、品种丰富，吸引了许多教授和学生光顾，其中最著名的当属经济学大师凯恩斯，他们后来成了莫逆之交。

戴维去世后，剑桥人为他出版了《剑桥的书摊》一书。他生前学校还曾专门为他举办过一场盛大的午餐会，师生们把他敬为上宾，感谢他提供的“永恒而伟大的知识”。

剑桥校园还有两个小人物：一位是普普通通的石匠，他把一生的心血都花在了雕刻和管理学校的石头上；另一位是名叫白蒂的小姐，她在大学打字室工作了50多年，从没出过差错。这两个人被剑桥授予了荣誉学位。

上面这三位都是剑桥大学里的小人物，他们以剑桥为家，找到了自己的归属感，默默地做着自己的工作，为剑桥大学做出了自己的贡献，最后得到了剑桥大学给予的极高荣誉。

剑桥大学名誉天下，除了依靠一些杰出人物的支撑外，更多的是得益于许许多多无名的小人物全心全意的服务与贡献。但是，你看，剑桥从未忘记这些平凡人物的贡献，因为他们是剑桥的一分子，也是剑桥的主人。公司也是如此，要想获得好的发展，不仅需要老板、部门经理，还需要所有员工的共同努力。各种各样的人才都是公司整体中的一分子，都值得尊重，都不是可有可无的。

一位管理学家说过：“作为企业的一员，首先要有‘公司是我家，发展靠大家’的思想，你只有让自己的企业不断壮大了，你的个人价值才能得以充分的体现。”优秀的员工正是把企业当成自己的家一样去爱护去经营的。只要你把公司的事当成自己的事，把自己当成企业的主人，甘心奉献，忘我工作，公司也一定会给你回报。

在家里看到地上脏了，你会去打扫；看到别人损害你家庭名誉的时候，会去与之争论；当家里缺少什么的时候，你愿意去奉献一切。如果把企业也当成你的家，你也会这样去做而不会有丝毫的犹豫，而且还有一种当仁不让的勇敢、一种舍我其谁的主动。这就是优秀员工的表现。

马小俊和哥哥在码头的一个仓库给人家缝补苫布。马小俊很能干，做的活儿也精细，当他看到丢弃的线头碎布也会随手拣起来，留作备用，好像这个公司是他自己开的一样。

一天夜里，暴风骤雨起，马小俊从床上爬起来，拿起手电筒就冲到大雨中。哥哥劝不住他，骂他是个笨蛋。在露天仓库里，马小俊查看了一个又一个货堆，加固被掀起的苫布。这时候老板也正好开车过来，此时的马小俊已成了一个水人儿。

当老板看到货物完好无损时，当场表示给他加薪。马小俊说："不用了，我只是看看我缝补的苫布结不结实，而且，我就住在仓库旁，顺便看看货物只不过是举手之劳。"

老板深为感动，不久之后，派马小俊到一个分公司去担任经理。这家分公司刚建立不久，一切都需要从头开始。经理相信有高度主人翁意识的马小俊会胜任并能做好这件事。

公司需要招聘几个文化程度较高的大学毕业生当业务员。马小俊的哥哥跑来说："给我弄个好差干干。"马小俊深知哥哥的个性，就说："你不行。"哥哥说："看大门也不行吗？"他说："不行，因为你不会把活当成自己家的事干。"哥哥说他："真傻，这又不是你自己的公司。"临走时，哥哥说马小俊："你真没良心。"不料马小俊却说："只有把公司当成是自己开的公司，才能把事情干好，才算有良心。"

优秀的员工就是这样的，当仁不让地把自己当作企业的主人，用高度的主人翁精神来对待企业，把企业的事当成自己的事，把企业当成家一样来呵护来经营。所以要做到优秀，你也就必须要把自己当作公司的主人，要想公司的事，解公司的急，与公司同发展、共进步。你是"小我"，公司是"大我"，爱自己的家，为自己的家奉献自己的劳动。不要在私下里说：我为公司付出了多少等等之类的话。要知道你的进步是建立在公司基础上的，公司为你提供了一个发展的平台。

每个员工的进步都会推动公司的成长，每个员工的努力都会为公司的进步增添一份力量，实现自身的进步和促进公司的成长是每一位员工义不容辞的责任，只有不断成长的员工才能为公司创造更大的价值。只要你也是这样去想去做，你就会成为公司的支柱，成为企业里最优秀的员工。

2. 当仁不让，企业的事就是我的事

一个优秀的员工，必然有一种大气磅礴的主人翁气度，有一种当仁不让的主人翁作风，时时刻刻心中都牵挂着企业，任何时候都会把企业的事情当作自己的事情来做，具备以企业为家的美德。

什么是主公翁意识？简单地说就是从来不把自己当外人，任何时候都积极主动地为企业努力、为企业谋利、把企业的事作为自己的事，不推不避，不敷衍不草率，任何时候都以最高的标准要求自己——因为这是自己的事，是自己的企业，自己就是主人，自己就该为这一切负责。因此，不做任何有损于企业利益的事，积极为公司创造更多利润，主动为公司寻找开源节流的渠道，这些都是优秀员工日日践行的准则。而这样的态度和精神，会将他们送到更加优秀和卓越的高峰。

意气风发的延俊华从清华大学毕业，很幸运地被深圳华为公司看中。在这个知名大企业里，他并没有像大多数初入职场的年轻人那样谨小慎微，而是表现出了“初生牛犊不怕虎”的精神。刚工作没几天，他在进行一番资料收集和市场调研后，给华为老总任正非写了一封《千里奔华为》的信。

在这封信中，这个初出茅庐的小伙子十分尖锐地提出了华为目前存在的问题，并针对性地提出了一系列非常系统、切实可行的建议。

这封信彻底改变了延俊华的事业之路。一个刚出茅庐的新员工就给这么一个各方面都已成熟的大企业写信，指缺点、提建议，实在是件很引人注目的事，也是多数人难以做到的一件事。但是，延俊华做到了，并且引起了总裁任正非的极大兴趣。任正非读完他的信后，感到非常欣喜，他被这个小伙子的大胆和远见震惊了，当场就称其为“一个会思考并热爱华为的人”，并当即决

定提升他为部门副经理。

延俊华的确是一个幸运的人，但是，这幸运背后却显示了一个员工对公司的赤胆忠心。试问，为什么在那么多的新员工中，只有延俊华一个人被提升了呢？按理说，每个人都有这个升迁的机会，但是为什么只有延峻华一个人得到重用呢？

其实关键就在于延俊华站在公司的立场考虑问题，热爱华为，把华为的事当成自己的事来对待，他这种当仁不让的主人翁精神，打动了老总任正非。正如任正非所言，延俊华是一个热爱公司的人，他敢于说出真话，而且这真话确确实实是为企业考虑，更重要的是他将这种热爱转化为了一种行动。这种人才当然会获得老板的青睐。作为延俊华个人，在他被任正非委以重任的时候，他能不从心底里感谢任正非不重资历看能力的知遇之恩吗？他能不比别人成长得更快，全心全力报效华为吗？

在任正非看来，延俊华表面上看是"认真思考，敢于直言"的精神和态度，其实却是"爱公司如爱家"的企业文化精神，是一种关心公司前途的行为。这正是华为大力提倡和着力建设的。

企业是大家的，每一个员工都是企业的主人，千万不要想当然地认为一个小小员工无需干涉公司的事，也不要觉得自己是个与公司毫不相干的人，而应把公司的发展前途看成是自己的发展前途，始终站在公司的立场去提建议、找方法。

对于员工来说，工作中事无巨细，每一件小事都应该认真对待。把每一件简单的事做好就是不简单，把每一件平凡的事做好就是不平凡！试想，一个连小事都不愿干、干不好的员工，一个对于企业损失熟视无睹的员工，怎么能担当起企业兴旺发达的重任呢？作为优秀的员工既要胸怀远大的理想，又要认真地干好每一件小事。善于从一点一滴做起，从工作中的小事做起，处处发挥模范带头作用，真正做到**"平时能看得出来，关键时能站出来"**。

董明珠，一位中国家电行业的风云人物，一位雷厉风行的商海女性。14年的时间，她从一名最基层的销售人员成长为当今中国最大的空调企业——珠海格力电器股份有限公司总经理。她是一位有着传奇色彩的市场营销高手，从1995年至今，她领导的格力电器曾连续9年销量和销售收入、市场占有率居全国同行业之首，纳税超过25亿元。其独创的区域销售公司模式，被经济界和理论界誉为“二十一世纪经济领域的全新革命”。格力电器公司连续3年入选美国杂志评选的“中国上市公司100强”，并被国际最富盛名的投资银行——瑞士信贷第一波士顿评为“中国最具投资价值的12家上市公司”之一。她撰写的记录自己营销道路的自传，引起业界轰动，并被中央电视台改编为连续剧在黄金强档播出。

她回忆说，当她被公司派到安徽去做销售员的时候，所碰到的第一件事情是，前任销售人员所留下来的一笔欠款。本来她也可以不去理会这笔欠款，重新开拓属于自己的业绩，但她还是决定要把欠款收回来。这就是我们常常讲的主人翁精神，是一个杰出员工所具有的天然禀赋，具有这种精神的人，她的个人利益和公司利益是一致的。董明珠就是这样的人，她在紧要关头选择了一件看似比较难，但却是非常正确的事情。如果当初她不去讨这个债，公司也不会怪她，因为这不是她造成的。可是在这一关头，她选择了去解决她前任所留下来的问题，而这样的一个念头，就展开了她作为一个职业经理人非常杰出的旅程，虽然这条道路是困难的，但这条道路却是一直往上升的。

在自传中她用很大的篇幅描述了她讨债的40几天中痛苦的过程，这让她下定决心，以后不要再经历这种过程，所以后来她就采用了“现金交易”的方式。这是跟以前完全不一样的做法，所以产生了相当大的阻力。虽然这样做的难度很大，可她认为这是她可以克服、掌握的，两相比较，她认为收现金反而是属于积极的困难度，是属于“甜蜜的负担”；而跟人要债是令人很沮丧的事情，是属于很消极的困难度。

要采用现金交易的方式，就要想办法去克服这个困难，她没有退路，所以她会积极主动地把以前计划经济“我生产出来就有人帮我卖掉”，这种以“卖方”为主导的做法，转换成市场经济以“买方”为主导的做法。她除了会积极拜访她的经销商之外，还和经销商一起站店面，让经销商感受到她的诚意。她热忱的服务和踏实的做法，终于一步步地在安徽打赢了她人生的第一仗，不但帮公司获得了很坚实的销售业绩，也使她在经销商圈子里获得了很好的口碑。后来证明她的这种做法是很有长远性的。

“经过40多天的斗智斗勇，终于追回了属于我们的货物。货装上车后，我从车窗探出头，噙着泪水冲他大叫一声从今往后，再也不和你做生意了！”每当回想起当初讨债时的场景，董明珠总是感慨万千。后来的一件事情也证明了她做事业，做生意的眼光。公司在广州的营销部门，被一竞争对手集体挖走了，并且对方许诺以百万年薪的收入来诱惑她加盟。但她却拒绝这种诱惑，接受公司的任命，担任广州的营销主管，因为是领薪水，不拿提成，反而收入比以前还低了一些。可是她很乐意接受这样的挑战。这也可以给现在那些以短期利益为导向的年轻人一些启发，你会发现，当初跳槽的人可能现在都不知道在哪里了，可是董明珠现在是格力的总经理。

一个拥有主人翁精神的人，并不仅仅是让自己成为企业的主人，而是让自己时刻与公司血肉相连、心灵相通、命运相系，用这样的心态和信念去做好每一件事情，去面对每一个客户，在你每一个成功或者失败的经历里面，渗透出企业以及你个人这种共同的精神气质。

很多员工都有这样的想法：公司是老板的，又不是我的，我就拿了我的那么一点点工资，我凭什么要以主人翁的心态来对待企业。说白了，人们的疑问其实就是："为了公司牺牲个人，你值得吗？"而事实中，如果你用主人翁的心态来对待企业，企业将会给你巨大的回报。

周永应聘到一家培训机构，这家公司一直处于亏损状态，公司包括老总只有3个人。周永想，既然来到了这个公司，就要为公司服务，只要大家努力，就一定可以使公司从困境中解脱出来。这种强烈的责任感、归属感使他主动找到老总，两人通过商量，觉得首先应该改变经营方向。因为一个培训机构的生命力往往在于满足不断创新的企业需求。他们决定对原先单一的即兴演讲培训课题再增加几个企业迫切需求的课题。结果新课题推出后，很受企业欢迎，公司也很快扭转了亏损局面。如今公司已发展成了30多人的知名培训机构，而周永也成为了这30多人的领导。

付出总有回报，即使自己是一名普通的员工，也应该把企业的事当成自己的事来做，要知道大家同在一条船上，企业的生死存亡与每个人的利益息息相关。只有把企业的事当作自己的事来做，才能做到事必躬亲、兢兢业业，也才能对企业真正负起责任来。

3. 任何时候都以企业利益为重

优秀的员工总是把公司利益放在第一位，无论何时何地，竭尽全力去维护公司的利益，任何时候都以公司的利益为重，切实维护企业的利益。

维护公司利益是一个员工必须恪守的基本职业道德，也是员工发展的根本。毫无疑问，一个企业更倾向于选择一名能够时刻以企业利益为重的员工，哪怕其能力在某些方面稍微欠缺一些。一名精明能干，再有能力的员工，如不以公司利益为重，也不可能得到公司的重用。

对于一名把自己当成企业的主人，把公司的事当成自己的事去做的员工来说，时刻以公司利益为先已成为他们生命中的一种高度的自觉，企业利益与他们的责任心已经紧密地联系在一起，任何时候他们也绝不会损害企业的利益。

严长寿，23 岁时从美国运通公司的一个传达小弟开始做起——就是帮别人做那种纯粹跑腿、服务等最简单的事情，可是 5 年后他却成为美国运通在台湾地区的总经理。这 5 年，他丝毫没有靠任何个人的关系、背景，全部都是靠他在一件件事情、一项项工作和一个个职位上卓越的表现。

严长寿在《总裁狮子心》一书中，叙述了自己成长的故事：

几乎每个人在成长过程中，都会受到各种各样的诱惑，如果被它俘虏，那就会使你偏离方向和正途。这样的诱惑严长寿也多次碰到。

运通公司在成立旅游部门的时候，当时还是普通员工的严长寿协助采购一些办公用品。在采购的过程中，有一台电动打字机，价格在五六万元左右。

有个朋友告诉他说，有的经销商会从香港进口二手货，整一整、清一清，然后卖给台湾岛内的公司，所以验货的时候不能掉以轻心。后来他们经过报价、比价之后，跟一家贸易商订货，谈妥价格，签好合约。结果那个贸易商在两天之后跑来找严长寿聊天，走的时候还塞了一个信封给他，信封里面有 8000 块钱，等于他 4 个月的薪水。

其实这样的事情常常会发生在采购、总务这些人身上，可是严长寿不假思索地就去把这件事情报告了总经理。总经理认为既然合约都已经签了，账也已经结了，东西还是要买，于是就把这笔钱转到福委会，变成员工的福利基金。

一个月过后，订的货送来了，两个箱子是原封不动的，两个是已经拆封过的，另外一台打印机更是什么包装也没有，直接抱来公司的。严长寿查看了一下，发现3台有使用过的痕迹，于是要求对方更换。但对方保证说，这些都是新货，并辩白说箱子是海关拆验的。但严长寿还是坚持让对方把货拉回去。结果3天后，这个贸易商通过另外一个人传话给总经理说："贵公司有一个姓严的年轻人索取回扣，还故意找茬，刁难厂商。"

其实这也是常情，你拿了人家的回扣，人家当然拿不好的东西给你，而如果有拒收的胆量，就可以很专业地判断这件事情的真实情况。结果，总经理听了哈哈大笑，回答说："这件事情我当时就知道了，8000元在我这里，你随时可以拿回去，否则我将把这些钱转做员工福利基金！"

想想看，严长寿当初要是收下这8000元的回扣，他在美国运通就不会有将来，也不可能在5年后当上美国运通的台湾总经理。

虽然这只是一个小事件，可是对严长寿有很大的影响，让他明白工作的过程中充满着诱惑和陷阱，一不小心就可能使自己掉进去，身败名裂。

严长寿正是靠着自己良好的职业道德抵制了回扣的诱惑，没有为个人的利益而损害企业的利益，正是放弃了不该属于自己的利益，他才能树立自己的个人品牌，为日后的升迁打下了基础。

公司是员工赖以生存和发展的平台，每位员工都要牢固树立公司利益高于一切的观念。当个人利益、局部利益与公司利益发生冲突时，必须在理解的基础上无条件服从公司利益，维护公司的利益。

优秀的员工都应该明白，自己的工资收益完全来自公司的效益，因此，公司的利益就是自己利益的来源。"大河有水小河满，大河无水小河干"说的就是这个道理。因此，替老板想着公司的利益，实际上就是替公司想着自己的利益。那么你还有什么理由不维护公司的利益呢？事实证明,时刻以公司利益为先的员工往往是发展最快的员工,也是企业里最优秀的那些员工。

将企业的利益看做是自己的利益,这样的员工在老板眼里就是优秀的员工。他们在工作中兢兢业业,时刻不忘自己是企业里的一员,一言一行都从企业的利益出发,尽可能地为企业创造更多的利润。而他们在为企业创造利润的时候也为自己创造了机会。

4. 想方设法为企业谋利益

优秀的员工总是随时随地记着自己的职责,任何时候都想着企业,想尽一切方法为企业谋利益,为企业增加利润,减少成本,提高效率。

每一个公司为了生存和发展不得不考虑“利润”。因此,作为员工,首先要考虑的就是你为公司赚了多少钱。当你的薪水与你的付出不成正比时,千万不要认为这是老板在剥削你,要知道,如果公司不赚钱,又怎么养活公司的每个员工,怎么去服务社会呢?每个公司都要求员工必须具备这样一个简单而重要的观念——全力以赴地去为公司赚钱。这是每个员工的职责和使命。一旦一个员工在心里有了这种使命感和责任感,并习惯基于这种理念行事,那么一定会成为公司最优秀的员工,必将有着广阔的发展空间。

而优秀的员工十分明确自己对公司盈亏有义不容辞的责任,就会很自然地留意到身边的各种机会,而且只要积极行动就会有收获。

一位顾客挑了一条价值 20 美元的领带,正当他准备付款时,店员梅雨问道:“先生,您打算穿什么样的西服来配这条领带?”

“我认为我的那件藏青色西服就很合适。”客户说。

“先生,我这儿有一种漂亮的领带正好配您的藏青色西服。”梅雨一边说着一边抽出了两条标价为 25 美元的领带。

“是的，我明白你的意思，它们的确很漂亮。”顾客点着头说，并且把领带收了起来。

“再看一看这些，找一件与您领带相匹配的衬衣吧！”梅雨说。

“我想买一些白色衬衣，但我没看见。”顾客说。

“可能您没看见，您要多大的衬衣呢？”

还没有等顾客反应过来，梅雨已经拿出了四件白色衬衣，单价为50美元。

“先生，摸一摸这衬衣，是不是很不错啊？”梅雨说。

“是的，我是想买一些衬衣，但我只想买三件。”顾客回答。

就这样，梅雨把20美元的生意变成了200美元的交易。

一名合格的员工，就应该像梅雨这样，时时刻刻想着如何为公司赚钱，而不是损害公司的利益，浪费公司的资源。

两个大学毕业生王海和李明，来到深圳后，一直没有找到工作。当口袋里的钱所剩无几时，他们只好来到一个建筑工地上找到包工头做体力活。

老板说：“我这里目前没有适合你们的工作，如果愿意的话。倒可以在我的工地上干一段小工，每天给你们30元钱。”为了度过这段艰难时期，两个人同意了。

第二天，老板给他们分配了任务——把木工钉模时落在地上的钉子捡起来。每天王海和李明除吃饭的半个小时外，一刻也不歇，每个人捡了不到1公斤钉子。几天下来，王海暗暗算了一笔账，发现老板这样做十分不合算，根本达不到“节流”的目的。王海决定和老板谈一谈这个问题。但李明却极力阻止他：“还是别找老板的好，否则我俩又得失业。”王海没同意，他直接找到老板。

“老板，恕我直言，企业需要效益，表面看来，拾回钉子是一件合理合情的事，但实质上它给您带来的只是负值。我老老实实捡了几天钉子，每天最多不超过 1 公斤。这种钉子的市场价是每公斤 5 元，这样算下来，我俩一天能拣回 10 元，而您却给我们 30 元的工资。这不仅对您是损失，对我们也不公平。如果现在您算明白了这笔账打算辞退我们，请您直说。”

没想到，老板竟哈哈大笑起来，说：“好小伙子，你过关了！我手头缺一名核算员，拾钉子这笔账其实我也会算，我知道你们也都能算出来。我一直就等着你们过来告诉我，如果一个月后你仍然不来找我，你们都将会被辞退。企业需要效益，更需要像你这样忠心耿耿、责任心强、一心为公司谋利益的人才，我希望你留下。

作为企业中的一员，公司的利益其实也是个人的利益。大河与小河的关系是再浅显不过的道理。就这个角度而言，为公司谋利益就等于为自己谋利益，优秀的员工最明白这样的道理。

其实无论何人，也无论何时何地，都应遵循这一原则，以这样的标准时时要求自己，才能使自己尽快成为一名真正优秀的员工。

5. 绝不损害企业的利益

杜邦公司创始人亨利·杜邦曾经说过：“企业利益高于一切。”这里的“高于一切”，主要指企业利益与所属员工利益，及员工家庭利益比较而言的，当企业利益与员工家庭利益、个人利益产生矛盾的时候，个人利益、家庭利益应当无条件地服从企业利益。

企业是所有成员共同的生存、发展平台，如果将企业运作比作一盘棋，那么企业利益至上、内部服从市场、局部服从全局的观念，好比棋中的“大局观”，只有懂得区分“大”和“小”，企业管理者才能做出合理的取舍，合理地牺牲局部利益，换取全局的成功。因为，当大家的生存、发展平台被破坏以后,个人利益根本无从谈起。

优秀的员工永远把自己当企业的主人,所以不管什么时候绝不会做任何有损于企业的事情,哪怕黄金当前刀架在脖,不论多大的诱惑或是多大的威胁也不能改变优秀员工信守的这一条准则。

如果超越了这一条界限,不管你有多大的能力,有多隐蔽的手段,最终只能鸡飞蛋打,这是优秀的员工绝不会做的。

某私营企业的老板是个只有初中文化的农民企业家,10 多年的市场打拼,他将自己公司的产品行销全国并逐渐打入国际市场,员工达到 1000 多人,但慢慢地遇到了所有家族企业的通病,管理混乱、裙带关系严重等。可喜的是,老板的思想比较开明,力排众议,决定用高薪招贤纳士,在众多的竞争者中,出身名牌大学的罗毅被老板看中。在迎接新老总的全体员工大会上,老板隆重推出他,并郑重宣布从此以后彻底退出总经理职位,只担任董事长,并承诺绝不过问公司的具体管理和经营,全权由罗毅负责公司的运作。

而且老板说到做到,他从不干涉公司的具体事务,即使有很多人打新老总的小报告,老板也绝不轻信,年底老板按照合同付清了给他的高额年薪。但随着罗毅在公司里威信的不断提高,亲信的不断增加以及自己对业务的不断熟悉和关系网络的不断扩展,他的心也渐渐地有了改变。他先是利用自己的亲戚搞起了一个公司,用公司的资源喂肥了这个空壳公司。在公司内部,他处处凸显自己,终于,一个优秀的民营企业被掏空了,而罗毅却成了一颗新星!但随着公司的财务漏洞越来越大,公司很快陷入困境,董事会强烈要求进行财务监管。这本来是董事会正常的监督权力,但他却以种种理由阻挠董事会的监管,公司成了一个独立王国!老板忍无可忍,于是召集老部下策划了一次“宫廷政变”,轻易就将他送上了法庭。面对铁一般的事实,罗毅悔恨地低下了头。

任何损害公司利益的做法,最终都会危及个人更大、更长远的利益。优秀的员工不会做任何有损于企业利益的事情,哪怕是最微小的事情。不会搞小集团,不会参与窝里斗,不会损害企业的名誉,不会出卖企业的秘密,而且为了维护公司的利益,敢于和不良风气作斗争。

不要小看一些"小事",其实这些"小事"看着微不足道,却是最损害企业精神的事。这样的"小事"一旦在企业蔓延开来,企业受到的不仅仅是表面的"皮肉之伤",更有可能"伤筋动骨"。所以,优秀的员工绝不会坐视这样的"小事",更不会让"小事扩大",当然,更不可能参与这些"小事"中去。而是勇敢地面对"小事",与这些"小事"作斗争,把不良风气掐灭在萌芽状态。

比如,每一个公司都会有一些这样的员工,不仅不努力,还会惹是生非,为自己的小利小惠争来斗去,天天"窝里斗",内耗严重,不仅影响企业的凝聚力,对于企业的发展和个人的发展,都非常不利,优秀的员工是绝对不会参与这样的窝里斗的。但是,不论你多么优秀,这样的事并不会避开你,甚至有时这种事专门针对的就是企业里的优秀员工。

比如在公开场合,大家都是好同志、好兄弟、好姐妹,笑容满面,一团和气,背地里则咬牙切齿,磨刀霍霍,甚至使坏弄鬼,放暗箭,打冷枪。

再有一种就是爱做小动作的人,像做小动作,打小报告,闹小纠纷,制造小摩擦,等等。这种行为还不好对付:第一,不容易发现;第二,不大好还手。因为那些名堂实在太小。如果认真对付,既不值得,别人也会认为这是"小题大做"。和你关系不好的人会说:"屁大的一点小事,闹什么闹?太没涵养!"和你关系好的人则会说:"小不忍则乱大谋,还是不要因小失大。"但是,事有大小,是非却不因其小而不是是非,小麻烦也是麻烦,小纠纷也是纠纷。它们对人心理、情绪上的刺激,不可小看。更何况,小东西多了,也能闹出大事情。比如蚊子虽小,如果成群结队也能把人咬死。可见,小动作、小报告、小纠纷、小摩擦,也能置人于死地。

这种人也许很有能力，但是却绝对不是一个优秀的员工，因为优秀的员工明白，这样做，只会损害企业的利益。

在企业遇到这样的事，该怎么办？优秀员工为我们做出了榜样。

首先，优秀的员工绝不会参与“窝里斗”，因为他比谁都明白，这样的“斗”只会损伤企业的利益，他也知道“窝里斗”的结果只有两个：一是把人变成“两面派”；二是把人变成“精神病”。至少，也能让人意志消沉，整天提防背后的“暗箭”。因此，优秀的员工还会勇敢地站出来，坚决地与“窝里斗”的行为展开斗争。一旦察觉到同事间有“窝里斗”的苗头，就及时制止，对不听劝阻的，及时向老板报告。优秀的员工总是以身作则，带头引领一个积极、健康、向上的企业文化和企业风尚。

充耳不闻、视而不见或对老板打马虎眼，就是在助纣为虐，充当帮凶，这绝对不是优秀员工的选择。有的员工可能觉得这样的事与自己关系不大，只要自己不参与进去，就问心无愧，心安理得。你可以认为自己是在明哲保身，或只要自己不参与就万事大吉，可世上没有不透风的墙，一旦老板察觉，你岂能置身世外？而且企业的利益就是你的利益，岂能坐视不管？所以，我们要向优秀的员工学习，因为优秀的员工一定会是敢于抵制这些歪风的人。

6. 与企业共担风雨，同舟共济

企业就像一条航行于大海中的船，老板与员工就如同舵手和船员，是一种生死与共的关系。企业如同一条大船，它需要所有的船员(员工)全力以赴把船划向成功的彼岸，同时，这条船也承载它的船员(员工)，避免他们掉入大海。大船一旦沉没了，会有很多人失去工作，很多家庭的收入受到影响，所以他们是一个利益共同体。

盛涛是某互联网公司的一名员工，他凭借着过硬的技术和出色的敬业精神，得到了老板的赏识，工作上很顺心。可是，好景不长，互联网遭受到了“危机”，很多网站都相继关闭，他所在的网站也遇到了前所未有的困难，资金周转不过来，公司业务大幅下降，寸步难行，很多员工都选择了离开。对于盛涛来说，凭借他的高超技术，进另外一家公司是很容易的。可是他一直都没有动摇，他和公司的管理层一起认真摸索着新的经营模式，主动开拓新的业务增长点。很多人觉得不解，有人问他为什么不离开，他说：“我当初选择它，是因为认同它的理念。并且公司曾给予我很多，我不能在公司困难的时候离开。”

经过两年的苦心经营，再加上互联网的整体恢复，他们的网站迅速做大，他也因为忠诚之心，升职到这家公司的副总裁。

在职场上，企业与员工的命运是息息相关、密切相连的。作为一名员工，你必须忠诚于你的公司，因为这是公司能够得以健康发展和运营的基本保证。那么员工如何与这艘船同舟共济呢？

“企业就是你的船。”这是很多人事经理经常对职员说的一句话，他们希望自己的员工能够“既来之，则安之”，把企业当做自己的家，把企业的利益与自己的利益捆绑在一起，同舟共济。

在企业这条船上，老板就是船长。这个职位所给予他的，不仅仅是权力和地位，还有责任，他要思考船的航向，要避免船触暗礁或冰山，要保障一船人的安全。而所有的员工都在船上，大家生死与共，因而必须同舟共济，才能共保安全和前行。

一名优秀的员工就是这条船上的一个好水手，知道该向什么地方使劲，更明白同舟共济的道理，知道只有船行得稳才能保证所有人的安全，更明白安全需要所有水手的共同努力。

小李和小王是大学同学，毕业后一起到南方，通过招聘会到了一家计算机软件公司，负责某种办公软件的设计开发。这个公司规模很小，是国家允许注册该类公司中最小的，执照上写得清清楚楚：注册资金 10 万元，连老板在内是“七八个人来五六条枪(电脑)”。他们之所以愿意去,一是因为背井离乡急于安身,二是因为老板给股份的承诺。老板比他们大不了几岁,看上去一副书生模样,态度很诚恳。可是进去才知道,连这10万元都可能有水分,仅从他们的办公条件就可以判断:一间废弃的地下室,阴暗、霉臭、潮湿。天一下雨,天花板上凝聚而成的水滴源源不断地往下流,电脑上都要罩着厚厚的报纸。办公区连个卫生间也没有,而且出门就是大排档,油烟灌进来,熏得人直流眼泪。他们的产品市场前景看起来很好,但资金的“瓶颈”随时有可能将美好的梦想扼杀于萌芽状态。最要命的是,产品没有品牌,只好赊销,迟迟收不回欠款,资金储备少,连员工的工资都无法按时发放。由此可见,这样的公司与那些实力雄厚的公司很难竞争。三个月后,小王动摇了,劝小李也不要干了。有的是好公司,非得在一棵树上吊死?股份?老板连他自己都无法自保,哪里还有股份给你?

不久,公司资金链断裂,濒临绝境,其他的人都走了,只剩下小李和老板两个人。看着老板年轻而憔悴的面容和孤独而坚定的背影,小李反而坚定了自己的信念,他原本也是个不愿服输的人。这时,他对公司的使命感和老板已经没有区别,他想他能够做的就是和老板风雨同舟,充分发挥自己的才智,精益求精,将产品做好。

半年后,老板筹措到了新的资金,公司重新运转。产品由于质量好,买家愿意先付款了,公司局面开始峰回路转。他们还成功地说服一家实力雄厚的投资公司出钱,推出一种早就被他们认定具有广阔市场前景的新型办公软件。他们全身心地投入到新软件的研制中,常常吃住都在地下室,半年后终于推出了完美的产品,产品上市后供不应求,他们终于掘到了自己的第一桶金。接下来,公司开始招兵买马,发展壮大,短短的几年工夫,就成为行业内大名鼎鼎的软件公司。小李也被提拔为公司的副总兼技术总监,薪水翻了几番。

年终,老板和小李同游澳大利亚,他们在阳光明媚的海滩晒着日光浴,回首往事,感慨万千。老板禁不住热泪盈眶,他问小李:“老弟,你知道我为什么能支撑下来吗?”小李说:“因为你是打不垮的,否则我也不会留下来。”老板却说:“不,其实当其他人纷纷离我而去的时候,我就想关门了。我从不怀疑自己的能力,但我当时已经相信‘谋事在人,成事在天’的说法了。可是你让我找回了信心,我想只要有一个人留下,就证明我还有希望。感谢你!在我想躺下的时候,总有你这双手在拽着我走。我知道,当时如果你走了,我肯定崩溃了!”为了感激小李,老板给了他公司40%的股份。

能与企业同舟共济的员工是企业的财富。有这样的员工,即使公司遇到了最大的困难,只要还有一名忠诚的员工勤奋努力,公司也不会失去希望,也有可能起死回生。企业就是我们的船,当风浪来袭时,我们应该做的就是与它联成一体,共同抗击风浪。

第二章　敢于担当　勇于负责

——优秀员工视责任至高无上

优秀的员工敢于担当，勇于负责，他们视责任至高无上。他们从来不怕承担责任，更不会推卸和逃避责任，他们把责任刻在心上、扛在肩上、握在手上，时时牢记自己的责任，任何时候都全力以赴，做任何工作都尽职尽责。

1.视责任至高无上

优秀的员工一定是敢于担责的员工，是视责任至高无上、把责任当作生命一样尽力维护的员工，责任是优秀的员工最信奉的职业精神。

马云是中国第一位登上《福布斯》杂志封面的企业家，在这本杂志上，有一段描写马云相貌的语言："深凹的颧骨，扭曲的头发，淘气的露齿笑，一个5英尺高，100磅重的顽童模样。"还有，"这个长相怪异的人有着拿破仑一样的身材，更有拿破仑一样的伟大志向！"

"看了《福布斯》杂志后，我才知道自己其实有多丑。"马云幽默地说。

可就是这样一副"尊容"的马云，却成为当今经济界里最有魅力的人物之一。

2008年2月，据某报纸报道，有200余名应聘者来到阿里巴巴上海分公司角逐全国销售代表。其中有相当一部分应聘者是马云的粉丝。

"马粉"的形成源于马云的责任理论：**"一个伟大的公司当然需要赚钱，但是光会赚钱的公司不是一个伟大的企业，所以企业家既要创造财富，又要影响社会。**在我看来一个企业要承担社会责任，并把这个社会责任贯穿于我们的工作中，我们要承担我们的责任，我们要推进这个社会发展。"

事实上，像马云这样勇于担当责任的人才能给人带来信赖感，值得人们去交往；这样的人，具备踏实、开拓的精神，能为公司带来效益……于是越来越多的人愿意去接近他，因为他值得信赖。渐渐地，在他的周围会形成一个有强大吸引力的"磁场"。

个人如此，企业亦然。企业拥有高度责任感会让其拥有非凡的魅力。

在汶川特大地震的灾难中，知名企业——长虹也受到了冲击。据了解，特大地震造成长虹1名员工死亡，部分人员受伤，其最主要的生产基地一度停产。但是，地震没有击倒这个巴山蜀水孕育的企业，地震让这家企业选择了承担。在公司董事长赵勇的带领下，公司很快组织大量人力、物力，积极参与到抗震抢险救灾中。

长虹获悉北川受灾损失严重后，当即决定招募员工志愿者队伍奔赴重灾区北川县。可是由于地震导致通信中断，将分散在各个生活小区的员工招募集中起来存在一定难度。长虹公司总经理刘体斌便带着工作人员深入各大生活区和安置点，贴告示、用喇叭喊、员工奔走相告，在不到两个小时的时间内，500多名员工志愿者招募集合完毕。

5月12日晚上9点，500多名长虹志愿者在长虹一位副总的带领下，携带饮用水、食品、药品和铁锹等物品，分三批进入北川。

在500多名长虹志愿者当中，有两位是女性，她们见公司在紧急招募赴北川志愿者时，马上报名随大部队去北川救援！当时出于安全考虑，女性被婉拒，公司建议她们在绵阳当好志愿者。但是，她们却悄悄地爬上了大卡车，躲在男员工背后，跟随其他人一块儿奔赴北川。

“长虹在抗震救灾中的表现让我们对长虹充满感激和尊敬，长虹在北川中学救援和社会救援方面体现出了一个大企业的风范。

“长虹自己遭到损失，但还来帮助我们，有他们的支持，我们才能与灾难抗衡！”灾民安置点群众这样感激地说。

长虹作为重灾区绵阳的企业，从地震的那一刻起，一直把灾民放在第一位。从组织志愿者到北川救人，到收置孤儿，到捐款捐物，每一个举动，都体现出大企业在危急时刻，勇于承担责任，把国家人民放在首位的风范。

科尔顿说：人生中只有一种追求，一种至高无上的追求，就是对责任的追求。长虹工人用自己的行动践行了这句关于责任的箴言。

责任至高无上，没有什么比责任更重要。因为责任关系到安危，关系到成败，关系到存亡，关系到生死……如果没有了责任，这世上的任何东西也就没有了保障。

2008年4月28日4：41，由北京开往青岛的T195次旅客列车运行至胶济下行线王村到周村东间290公里800米处，在本应限速每小时80公里的路段，时速却达到每小时131公里。超速使9至17节车厢脱轨，与运行在胶济上行线的5034次旅客列车相撞，从而引发了72人死亡、416人受伤的特大事故。

据“国务院‘4·28’胶济铁路特别重大事故调查组”调查：“济南局列车调度员在接到有关列车司机反映现场临时限速与运行监控器数据不符时，4月28日4：02济南局补发该段限速每小时80公里的调度命令，但由于责任人不负责任的行为致使该命令没有发给T195次机车乘务员，漏发调度命令。而王村站值班员不负责任地对最新临时限速命令未与T195次司机进行确认，也未认真执行车机联控。同时，机车司机没有认真了望，失去防止事故的最后时机。一场特大事故就这样在一连串的不负责任和不断累积的错误中最终发生。”

面对“4·28”特大事故的惨状，国务院事故调查组副组长、全国总工会副主席张鸣一声长叹：“这本是一起不应该发生的责任事故。”济南铁路局一位负责运输管理的工程师在“4·28”之后也曾如实说这场事故“不是天灾，是人祸！”

“4·28”特大事故就像一面展板，反应出我们的干部员工的责任意识是多么的淡薄。层层责任人竟然都丧失责任心，造成重大事故，教训何其惨痛！

漠视责任，忽视责任，玩忽职守，缺乏责任感，不仅会给别人、给企业、给社会带来危害，也会给自己带来不可挽回的严重后果。

责任至高无上，一个人无论职务大小、地位高低，不管从事什么工作，只要你还在自己的岗位上，就应该安下心来，认真负责地完成这项工作，任何时候都牢记自己的责任，承担自己的责任，并且尽职尽责尽心尽力地站好自己的那一班岗，一定可以赢得荣誉，获得成功。有很多人总以为自己地位低微，种种成就都不会属于自己，种种荣誉自己也不能享有。但实际上，荣誉和成功青睐每一个认真负责忠诚敬业的人，哪怕是一个清洁工，一个锅炉工，一个邮递员。只要坚守自己的责任，再平凡的岗位和再普通的工作也一样赢得尊重，获得成功。

责任至高无上。责任是一个人品格和能力的承载，是一个人走向成功必不可少的素养，是最受推崇的职业道德，也是一种高尚的人格精神。所有成功的人，都是具有高度责任感的人。聪明、才智、学识、机缘等固然是促成一个人成功的必要因素，但缺乏了责任感，没有人可以优秀，没有人可以成功。所以，优秀的员工，一定是奉责任为第一、视责任至高无上的员工。

2. 把责任根植于心

勇于负责是优秀员工的特质，也是他们坚守的职业精神，他们把责任根植于心，把责任融入自己的生命，任何时候都以责任为重。

优秀的员工从来不把责任当成义务，而是当成义不容辞的使命，所以，无论什么情况下，无论什么时候，他们都会把责任作为自己工作的标准，视责任为第一。

据《解放军报》报道，有一位退伍战士回到原籍不久，报名应聘一家公司的秘书。经过几轮筛选，到考试时，百余名应试者所剩无几。角逐继续进行,可笔试题让这位退伍战士很为难。内容是:“请你写出原单位名称,有多少人,在单位负责什么和你将为本公司提供什么最有价值的材料?”身为退伍军人,他忘不了在部队所接受的保密教育:“宁愿落榜,也不能泄露军事秘密。”想到这里,这位退伍军人在试卷附页上写道:“我非常愿意加入贵公司,可作为一名退伍军人,保守军事秘密是我义不容辞的责任。我只能交上一份空白的答卷,请谅解。”

在多项测试中对这位退伍战士一直看好的招考人员,无不感到吃惊和惋惜。公司总经理得知此事,立即调阅了他的全部应试材料,面对那张唯一的“白卷”,他露出了满意的微笑。他对下属说:懂得保守军事秘密的人,同样懂得保守商业秘密。这位退伍战士政治素质好,责任感强,应当优先录取。

责任感是一种品质,具有这种品质的人才是真正优秀的人。不论在社会还是在家庭中,只有那些有责任感的人才能受到社会和他人的认可和尊重。所以,责任感可以说是一种竞争的法宝,使人无往而不胜。

古希腊雕刻家菲迪亚斯被委任雕刻一座雕像。当菲迪亚斯完成雕像后要求支付薪酬时,雅典市的会计官却以任何人都没看见菲迪亚斯的工作过程为由拒绝支付薪水。菲迪亚斯反驳说:“**你错了,上帝看见了!**上帝在把这项工作委派给我的时候,他就一直在旁边注视着我的灵魂!他知道我是如何一点一滴地完成这座雕像的。”

每个人心中都有一个上帝,菲迪亚斯相信自己的努力上帝看见了,同时他坚信自己的雕像是一件完美的作品。事实证明了菲迪亚斯的伟大,这座雕像在2400年后的今天,仍然伫立在神殿的屋顶上,成为受人敬仰的艺术杰作。

雕刻雕像是神赋予菲迪亚斯的伟大使命,他不仅出色地完成了这个使命,而且还把使命的意义向人们传达出来。

使命这个词来自拉丁语，它的意思是呼唤。它触及了工作的实质——向你发出的呼唤。有使命感和责任感的人，任何时候都把责任感放在第一位，把责任沉淀到了生命里，任何时候都表现完美。

在斯特拉特福子爵为克里米亚战争举办的晚宴上，人们做了一个游戏，军官们被要求在各自的纸片上秘密地写下一个人的名字，这个人要与那场战争有关，并且要他认为此人是这场战争中最有可能流芳百世的人。结果每一张纸上都写着同一个名字："南丁格尔。"她是那场战争中赢得最高声誉的女性。下面是一段关于南丁格尔的故事：

南丁格尔带着护士小分队来到了前线，在几个小时内，成百上千的伤员从巴拉克战场上被运了回来，而南丁格尔的任务就是要在这个痛苦嘈杂的环境中把事情弄得井井有条。不一会儿，又有更多的伤员从印克曼战场上被运了回来。什么事情也没有准备好，一切都需要从头安排。而当各种事务都在有序地进行着时，她自己就又会去处理其他更危险、更严重的事情。在她负责的第一个星期，有时她要连续站立20多个小时来分派任务。

"南丁格尔的感觉系统非常敏锐。"一位和她一起工作过的外科医生说，"我曾经和她一起做过很多非常重大的手术，她可以在做事的过程中把事情做到非常准确的程度……特别是救护一个垂死的重伤员，我们常常可以看见她穿着制服出现在那个伤员面前，俯下身子凝视着他，用尽她全部的力量，使用各种方法来减轻他的疼痛。"

一个士兵说："她和一个又一个的伤员说话，向更多的伤员点头微笑，我们每个人都可以看着她落在地面上的那亲切的影子，然后满意地将自己的脑袋放回到枕头上安睡。"另外一个士兵说："在她到来之前，那里总是乱糟糟的，但在她来过之后，那儿圣洁得如同一座教堂。”

南丁格尔被誉为“护理学之母”,她创立了真正意义上的现代护理学,使护理工作成为妇女的一种受尊敬的正式社会职业。她的故事告诉我们,一个人来到世上并不是为了享受,而是为了完成自己的责任和使命。正是在对她所热爱的护理工作的强烈使命感的驱使下,在短短3个月的时间内,她使伤员的死亡率从42%迅速下降到2%,创造了当时的奇迹。

一个人的责任感,决定了工作绩效的高低。没有做不好的工作,只有不负责任的人。

把责任根植于心的人,对于责任的承担是顺理成章自然而然的事。不需要任人的提醒,更不需要任何人的监督。在他们的心里,完成自己的使命、承担自己的责任已经深深地浸入到了血液里,植根在了生命里,任何时候都不会忘记。

在1968年墨西哥奥运会比赛中,最后跑完马拉松的一位选手,是来自非洲坦桑尼亚的约翰·亚卡威。他在比赛中不慎跌倒了,但他仍拖着摔伤且流血的腿,一瘸一拐地跑着。所有选手都跑完全程后很久了,直到当晚7:30,约翰才最后一个人跑到终点。这时看台上只剩下不到1000名观众,当他跑完全程的时候,全体观众起立为他鼓掌欢呼。之后有人问他:“为何你不放弃比赛呢?”他回答道:“国家派我由非洲绕行了3000多公里来此参加比赛,不是仅为起跑而已——乃是要完成整个赛程!”

是的,他肩负着国家赋予的责任来参加比赛,虽然拿不到冠军,但是强烈的使命感驱使他不当逃兵。这就是优秀者之所以优秀的关键。

所有优秀者都是将责任根植于心,将责任沉淀在自己生命里的人。任何时候他们都不会忘记自己的责任,承担自己的责任,为了责任付出一切也在所不惜。责任根植在他们心中,责任沉淀在他们的生命中。结果是什么都不重要,重要的是他们承担了自己的责任。

3. 优秀员工把责任落实在行动上

责任是优秀员工的工作标准。不管做什么工作，不管在什么情况下，他们都以责任为重，视责任至高无上，把责任切切实实落实到具体的行动上，解决问题，克服困难，尽自己最大的力量尽职尽责地把工作做到最好。

一位名叫吉埃丝的美国记者，有一天来到日本东京，她在奥达克余百货公司买了1台唱机，准备送给住在东京的婆婆作为见面礼。售货员彬彬有礼、笑容可掬地特地挑了1台尚未启封的机子给她。然而回到住处，她拆开包装试用时，才发现机子没装内件，根本无法使用。吉埃丝火冒三丈，准备第二天一早即去百货公司交涉，并迅速写了一篇新闻稿《笑脸背后的真面目》。

第二天一早，一辆汽车赶到她的住处，从车上下来的是奥达克余百货公司的总经理和拎着大皮箱的职员。他俩一走进客厅就俯首鞠躬、连连道歉，吉埃丝搞不清楚百货公司是如何找到她的。那位职员打开记事簿，讲述了大致的经过。原来，昨日下午清点商品时，发现将一个空心的货样卖给了一位顾客，此事非同小可，总经理马上召集有关人员商议。当时只有两条线索可循，即顾客的名字和她留下的一张美国快递公司的名片。据此百货公司展开了一场无异于大海捞针的行动。打了32次紧急电话，向东京的各大宾馆查询，没有结果。于是，打电话到美国快递公司的总部，深夜接到回电，得知顾客在美国父母的电话号码，接着，打电话到美国，得到顾客在东京的电话号码，终于找到了顾客的落脚地。这期间共打了35个紧急电话。职员说完，总经理将1台完好的唱机外加唱片1张、蛋糕1盒奉上，并再次表示歉意后离去。吉埃丝的感动之情可想而知，她立即重写了新闻稿，题目就是《35个紧急电话》。

如果没有责任意识,就不会有这样大海捞针的行动,就不会有及时改正错误的机会。那么报纸上刊载的新闻对于企业的形象和前途都会大为不利,公司的形象毫无疑问会受到损害。正是因为经手的这位职员和负责的总经理高度的责任心才转变了整个事件。

一位先哲说过"不论你手边有何工作,都要尽心尽力去做!"民间俗话说"经起手就要负起责",伟人说"责任到处,无可推卸。"无论做什么事,都必须竭尽全力,把责任落实到自己的行动中。只有一丝不苟的责任精神和认真负责的工作作风,才能把工作做到最好,才能让我们在最普通的工作岗位上也能创造奇迹,获得称誉。这正是优秀的员工之所以优秀的关键所在。

一天,美国通用汽车公司客服部收到一封客户抱怨信,上面是这样写的:"我们家有一个传统的习惯,就是我们每天在吃完晚餐后,都会以冰淇淋来当我们的饭后甜点。但自从最近我买了一部你们庞帝雅克车后,在我去买冰淇淋的这段路上,问题就发生了。每当我买的冰淇淋是香草口味时,我从店里出来车子就发不动。但如果我买的是其他的口味,车子发动就顺得很。为什么?为什么?……"

很快,客服部派出一位工程师去查看究竟。当工程师去找写信的人时,对方刚好用完晚餐,准备去买今天的冰淇淋。于是工程师一个箭步跨上车。结果,买好香草冰淇淋回到车上后,车子果然又发动不了了。

这位工程师之后又来了三个晚上。

第一晚,巧克力冰淇淋,车子没事。第二晚,草莓冰淇淋,车子也没事。第三晚,香草冰淇淋,车子发动不了。

这到底是怎么回事?工程师忙了好多天,依然没有找到解决的办法。工程师有点气馁,不知是不是该放弃,转而接受退车的现实。

但高度的职业责任感和对工作全心全意的敬业精神使工程师安静下来，开始研究从头到现在所发生的种种细节，如时间、车子使用油的种类、车子开出及开回的时间……不久，工程师发现，买香草冰淇淋所花的时间比其他口味的要少。因为，香草冰淇淋是所有冰淇淋口味中最畅销的口味，店家为了让顾客每次都能很快地拿取，将香草口味特别分开陈列在单独的冰柜，并将冰柜放置在店的前端。

现在，工程师所要知道的疑问是，为什么这部车会因为从熄火到重新激活的时间较短就发动不了？原因很清楚，绝对不是因为香草冰淇淋的关系，工程师很快地由心中浮现出答案：应该是“蒸汽锁”。买其他口味的冰淇淋由于花费时间较多。引擎有足够的时间散热，重新发动时就没有太大的问题。但是买香草口味的冰淇淋时，由于时间较短，引擎太热以至于还无法让“蒸汽锁”有足够的散热时间。

这样奇怪甚至诡异的问题，被这个具有高度责任心、抱着“责任至高无上”信念的负责任的工程师出色地解决了，通用汽车史上又书写了传奇般的一笔。如果不是高度负责的精神，不是经起手就必须负起责的信念，也许这样巫咒一样不能解释的问题还摆在那里，那也就不可能有通用公司那么良好的口碑了。

工作的本质就是责任，岗位的本质也是责任。一份工作就是一份责任，一个岗位就是一种使命，只有坚守自己的职责，完成自己的使命，才是优秀员工的行为。如果失职失责，就会付出代价。有时甚至是性命的代价。

2004年2月15日，吉林市某商厦发生特大火灾，造成54人死亡、70余人受伤，经济损失难以估量，对社会的负面影响更是难以用数字估计。事后查明，导致这场特大火灾的直接和间接原因有三：一是火灾是由商厦某雇员失去责任心，在仓库违章吸烟所引发；二是在此之前，商厦管理处未能负起责任，及时整改火灾隐患，消防安全措施没有得到落实；三是火灾发生当天，值班人员擅自离岗，致使群众未能及时疏散，最终酿成了悲剧。

责任心一旦缺失，必然会酿成大祸！优秀的员工是绝不会允许这样的事情发生的，因为他们已经将责任刻在心里，将责任融入到了自己的生命里、落实在了每一次行动上。

4. 全力以赴，尽职尽责做好自己的工作

英特尔总裁安迪·格鲁夫应邀对加州大学的伯克利分校毕业生发表演讲的时候，曾提出这样的建议："不管你在哪里工作，都别把自己当成员工，应该把公司当做自己开的。职业生涯除了你自己之外，全天下没有人可以掌控，这是你自己的事业，你每天都必须和好几百万人竞争，不断提升自己的价值、增进自己的竞争优势以及学习新知识、适应新环境，并且从转换工作以及产业当中虚心求教，学得新的事物，掌握新的技巧，这样你才能够更上一层楼，才不会成为下一年度失业统计数据里头的一分子。而且，千万要记住：从星期一开始就要启动这样的程序。"

这样的忠告不仅是一个前辈对后辈的忠告，更是一个老板对员工的真心指导。

一个认真负责的员工，一定会有所收获，认认真真，尽职尽责的人一定可以得到自己想要的东西，获得最终的成功，成为职场的赢家。

徐虎1975年进入中山北路房管所，当上了一名水电养护工。在从事养护工作的岁月里，他背着他的修理箱起早贪黑地走街串户。很多人家都是下班回家后叫他去修理，只要大家有需要，总能在第一时间找到徐虎，他的勤恳付出赢得了人们的赞扬，被大家誉为"晚上19点钟的太阳"。

完成好每一件工作，不为自己的工作丢人，尽量让每一个客

户满意，是他心中最简单质朴的想法。而正是这种服务意识，使他成为众人学习的典型。全国很多媒体都对他进行了集中报道，《人民日报》、《光明日报》等都将他作为“敬岗爱业、奉献社会”的劳模典型在全国进行宣传，徐虎由此闻名全国。大家记住了“徐虎信箱”，记住了“辛苦我一人，方便千万家”的承诺。

徐虎并没有满足这些荣誉，多年在物业第一线服务的他知道，仅仅凭个人的力量从局部来为人民服务，应对庞大的社会需求那无疑是杯水车薪的事情。只有从根本上进行改变，找到症结的所在，才能够让更多的人不用花那么大的精力和劳动也能享受到同样的优质生活。

徐虎在思索中不断升华，不断进行深层次的探索。他把自己在物业管理中的体会，不断总结归纳，上升到理论高度。他在《城市开发》、《解放日报》、《上海房产》、《中国房产信息》等报刊陆续发表了《浅谈物业管理将走入大盘时代和相应准备》、《浅议促进物管发展的对策》、《提升现代物管品牌新内涵》等多篇重量级文章。这些物业管理论文给我国新兴的物业管理专业提供了非常宝贵的资料和经验。

现在的徐虎已经成为上海西部企业集团物业总监，三次被评为全国劳动模范。尽职尽责的服务意识和扎实的工作为徐虎奠定了成功的基石，他以此从平凡的工人成为行业内的专家，积累了经验和信誉，开创了自己的事业。

尽职尽责是对自己所负使命的忠诚和信守，尽职尽责是对自己所负责的工作出色的完成。如果你能力一般，尽职尽责可以让你走得更远，走得更好；如果你能力突出，尽职尽责可以将你带向成功的顶峰，尽职尽责的员工是领导最倚重的员工。

5. 敢于担当，绝不推卸任何责任

优秀的员工主动承担责任，绝不会推卸责任，因为他们知道责任就应该是自己承担而不可以推卸的，只有责任能带来成功，责任能成就伟大。

几乎所有的企业在招聘员工时，都会写上“工作责任心强”这一条件，把有没有责任心，当做招聘员工的一个重要标准。因为只有负责任的员工才能真正成为支撑企业的栋梁。

有责任心的员工一定会努力、认真工作，有责任心的人一定会工作细致，听从安排，乐于协作，有责任心的人做每一件事都会坚持到底，不会中途放弃，有责任心的人一定会按时、保质、保量完成任务，解决问题，能主动处理好分内与分外的相关工作，在有人监督与无人监督时都能主动承担责任而不推卸责任。

每个老板都很清楚自己最需要什么样的员工，哪怕你是一名普通的员工做着最普通的工作，只要你担当起了你的责任，你就是老板最需要的员工，就是最好的员工。

老关是个退伍军人，几年前经朋友介绍来到一家工厂做仓库保管员，虽然工作不繁重，无非就是按时关灯、关好门窗、注意防火防盗等，老关却做得超乎常人的认真。他不仅每天做好来往工作人员的提货日志，将货物有条不紊地码放整齐，还从不间断地对仓库的各个角落进行打扫清理。

三年下来，仓库没有发生一起失火失盗案件，其他工作人员每次提货也都能在最短的时间里找到所要的货物。在工厂建厂20周年庆功会上，厂长按老员工的级别，亲自为老关颁发了5000元奖金。好多老职工不理解，老关才来厂里三年，凭什么能够拿到这个老员工的奖项？

厂长看出大家的不满，于是说道：“你们知道我这三年中检查过几次咱们厂的仓库吗？一次没有！这不是说我工作没做到，其实我一直很了解咱们厂的仓库保管情况。作为一名普通的仓库保管员，老关能够做到三年如一日地不出差错，而且积极配合其他部门人员的工作，对自己的岗位忠于职守，比起一些老职工来说，老关真正做到了爱厂如家，我觉得这个奖励他当之无愧！”

每一个人在工作中都应当主动承担起自己的责任，认真负责地做事。每一个员工都承担起了属于自己的责任，企业必定会兴盛发达。每一名员工都至关重要，都是公司前进中不可或缺的推动力量。

世界上最愚蠢的事情就是推卸责任。日常生活中，每个人都难免会出现错误，但是，当问题发生后，有些人为了推卸责任，找出许多借口为自己来辩解，并且说得振振有词，头头是道。“他们不采纳我的建议”、“我是按照公司的要求做的”、“这不能怪我”等，其实，这样做并不能把责任推得一干二净。

一个员工与其为自己的失职找理由，倒不如大大方方承认自己的失职，主动承担自己的责任，上司会因为你能勇于承担责任而不责难你；相反，敷衍塞责，推诿责任，找借口为自己开脱，不但不会得到别人的理解，反而会“雪上加霜”，让别人觉得你不但缺乏责任感，而且还缺乏起码的真诚，这样的人怎么会得到信任和重用呢？

在一家服装公司，就近两个月的销售量问题，公司的总经理与销售部经理展开了一场讨论。总经理对销售经理说：“王经理，我们公司近两个月的销售量不尽如人意，你可得注意点。”

王经理马上为自己辩解道：“李总，这是因为这段时间附近又开了两家比我们公司规模还大的服装城，他们的服装款式比我们多，价格也不贵。”

李总思索了片刻，又问：“××羽绒服不是我们店独家代理的吗？为什么销量不如去年好？”

王经理耷拉着脑袋说:“您也许不清楚,隔壁那家店代理的是当红歌手××做的广告的羽绒服,好多年轻人就只认那个牌子。我去年就提醒过您,咱们这个品牌样式太老了,广告也不响亮,不要代理,您又不相信。”

“这几天,我收到几位客户的投诉,说我们的员工有情绪,工作不够认真,你要多做些工作。”李总说。

“他们大多是老员工了,有的资格比我还老,简直没法说。”王经理无奈地说。

王经理这样不停地为自己辩解显然是在推卸责任。这是一种恶习,而且有这种习惯的大有人在。现实生活中,人们很容易犯这样一个错误:拒绝承担责任。

我们还是以上面的故事为例,如果那位姓王的销售部经理对总经理的提问作如下的回答,相信会更有助于问题的解决。

“是的,很抱歉,李总,我也在为此事犯愁。我已经通知有关人员下午开会,我们会尽快拟出一个销售方案来。

“我们可否与厂家联系,增加广告的投入,再增加几种新的款式? 我认为这很有必要。

“关于客户投诉员工有情绪的问题,我也略知一二,这个周末我会到这些员工家里去,看看他们是不是家里有困难,我相信这些问题会很快得到解决的。”

这前后不同的回答反映了两种不同的责任心,后一种无疑比前一种更能够解决问题,更能够提高企业的工作效率。

意识到自己的责任是走向成功的第一步。一个能够时刻意识到自己责任的员工是不会推卸责任的,他们也必将在承担责任的过程中更快地获取成功。

千万不要利用自己的功绩或手中的权利来掩饰错误,从而忘却自己应承担的责任。人们习惯于为自己的过失寻找种种借口,以为这样就可以逃脱惩罚，其实这只能把你的不负责任的态度表露无遗，对于解决问题和开脱自己都没有任何用处。正确的做法是，承认它们，承担它们，并尽一切的努力弥补过错。这样做，并不会因过错削弱你的能力，因失误降低你的威信，相反，还会因此锻炼出你勇于承担责任的意志和精神，让你更加可信，更加勇敢，从而更加负责。

许多年以前，南非有一个叫古列的小镇发生了地震，5个在游乐宫玩耍的小孩全部被压在瓦砾中，唯独10岁的小奈尔从石缝里爬了出来，他在医院里昏迷，一天一夜醒来后，忽然记起那几个小伙伴的哭喊声，他翻身下床，拖着一条受伤的腿，拼命地往游乐宫爬行，他对救护人员说："那里有我的朋友，是我带他们去玩的，我有责任把他们救出来！"后来，人们根据他的记忆，找到了路径，经过几个小时的艰苦营救，终于将奄奄一息的小朋友救出来，小奈尔终身残废了，但他却赢得了人们的尊敬。

自己的责任要自己来承担。一个懂得承担责任的人，无论做什么工作，都能出类拔萃，做到最好，因为高度的责任心可以让他抛开一切干扰，专心致志地做好自己的事，为自己的工作负起责任。也只有那些能够勇于承担责任的人，才有可能被赋予更多的使命，才有资格获得更大的荣誉。

"责任在此，无可推卸。"是的，工作着就意味着责任，责任在此，怎么可以推卸？优秀的员工比谁都更明白这一点，也就比谁都更坚守自己的责任，因而他们也更能得到赏识和重用，更容易成功。

6. 把勇于负责作为自己的生活态度

对于有强烈责任感、视责任至高无上、时时刻刻想到自己的责任，并时时刻刻承担自己责任的人来说，责任已经成为他们生活态度的一部分，无论在什么时候、什么场合，他们都不会忘掉自己的责任，任何时候都想着如何能更加负责任地把工作做好。所以,他们做任何事都能做到最好、做出成绩。

几年前,美国著名心理学博士艾尔森对世界100名各个领域中杰出人士做了问卷调查,结果让他十分惊讶——其中61名杰出人士承认,他们所从事的职业,并不是他们内心最喜欢做的,至少不是他们心目中最理想的。

这些杰出人士竟然在自己并非喜欢的领域里取得了那样辉煌的业绩,除了聪颖和勤奋之外,究竟靠的是什么呢?

带着这样的疑问,艾尔森博士又走访了多位商界英才。其中纽约证券公司的金领丽人苏珊的经历,为他寻找满意的答案提供了有益的启示。

苏珊出身于中国台北的一个音乐世家,她从小就受到了很好的音乐启蒙教育,非常喜欢音乐,期望自己的一生能够驰骋在音乐的广阔天地,但她阴差阳错地考进了大学的工商管理系。一向认真的她,尽管不喜欢这一专业,可还是学得格外刻苦,每学期各科成绩均是优异。毕业时被保送到美国麻省理工学院,攻读当时许多学生可望而不可及的MBA,后来,她又以优异的成绩拿到了经济管理专业的博士学位。

如今她已是美国证券业界风云人物,在被调查时依然心存遗憾地说:老实说,至今为止,我仍不喜欢自己所从事的工作。如果能够让我重新选择,我会毫不犹豫地选择音乐。但我知道那只能是一个美好的“假如”了,我只能把手头的工作做好。

艾尔森博士直截了当地问她既然你不喜欢你的专业,为何你学得那么棒?既然不喜欢眼下的工作,为何你又做得那么优秀?

苏珊的眼里闪着自信,十分明确地回答因为我在那个位置上,那里有我应尽的职责,我必须认真对待。不管喜欢不喜欢,那都是我自己必须面对的，都没有理由草草应付，都必须尽心尽力，尽职尽责，那不仅是对工作负责，也是对自己负责。我做出的这些成绩只能说是责任感创造出的奇迹。

艾尔森在以后的继续走访中，许多的成功人士之所以能出类拔萃的反思，与苏珊的思考大致相同——因为种种原因，他们常常被安排到自己并不十分喜欢的领域，从事了并不十分理想的工作，一时又无法更改。这时，任何的抱怨、消极、懈怠，都是不足取的。唯有把那份工作当作一种不可推卸的责任担在肩头，全身心地投入其中，才是正确与明智的选择。正是在这种"在其位，谋其政，尽其责，成其事"的高度责任感的驱使下，他们才赢得了令人瞩目的成功。

艾尔森博士的调查结论，使人想到了我国的著名词作家乔羽。他在中央电视台《艺术人生》节目里坦言，自己年轻时最喜欢做的工作不是文学，也不是写歌词，而是研究哲学或经济学。他甚至开玩笑地说，自己很可能成为科学院的一名院士。不用多说，他在并非最喜欢和最理想的工作岗位上兢兢业业，创作了大量脍炙人口的作品。就因为他把他的工作当成了责任，他要尽职尽责地把工作做好。

"热爱是最好的教师，做自己想做的事"，这些话已经是旬耳熟能详的名言。但是，就算做着自己不喜欢的事，做着并不是自己最想做的工作，只要有高度的责任感，也一样可以出类拔萃。对许多杰出人士的调查说明，只要有高度的责任感，即使在自己并非最喜欢和最理想的工作岗位上，也可以创造出非凡的奇迹。

当责任感成为一种习惯，成为一个人的生活态度，我们就会自然而然地担负起责任，而不是刻意地去做。当一个人自然而然地做一件事情时，当然不会觉得麻烦，更不会觉得劳累。当你意识到责任在召唤你的时候，你就会随时为责任而放弃一切，而且你不会觉得这种放弃有多么艰难。

“伟大的代价,即是责任。”温斯顿·丘吉尔曾如是说,他的这句名言一次又一次被那些为着人类的幸福、美好而奋斗的人们所证实。因为责任,人会变得更加庄严而虔诚,崇高而伟大。

一次海难事件中,幸存者8人挤在一只救生艇上,在海上飘荡了8天,仅有的淡水是半瓶矿泉水。每个人都恶狠狠地盯着那小半瓶矿泉水,都想立刻把它喝下去。船长不得不拿一杆长枪看着这半瓶水。坐在船长对面的是一名50岁的秃顶男人,他死死盯着那半瓶水,随时准备扑上去喝掉那仅剩的救命水。当船长打盹的一瞬间,秃顶男人猛然扑上去,拿起水就要喝,被惊醒的船长拿起长枪,用枪管抵着秃顶的脑门命令道:“放下,否则我开枪了!”秃顶只好把水放下。船长把枪管搭在矿泉水的瓶盖上,盯着坐在对面的秃顶,而秃顶仍眼睛不离那瓶决定众人命运的半瓶水。双方就这样对峙着。后来船长实在顶不住了,昏了过去。可就在他昏过去的一瞬间,他把枪扔到了秃顶的手里,并且说了一句:“你看着吧!”

原来一心想要自己喝掉那半瓶水的秃顶,枪一到他手里,他突然感到自己变得伟大了。接下来的4天,他尽心尽力地看着那剩下的半瓶水,每隔两个小时,往每个人嘴里滴两滴水。到第四天他们获救时,那瓶救命的水还剩下瓶底部分一点水。他们8人把这剩下的水起名为“圣水”。

因为责任,所以伟大。当一个人被委以重任时,他的心灵就会发生奇妙的变化,他会突然间感觉到自我的价值,感到自己的重要,就会变得自律,变得主动和积极,变得庄严而虔诚,变得崇高而伟大!

责任感是靠近伟大的第一要素。正因为责任的引领,让我们更接近于正义、良知、伟大和崇高,正因为把责任作为一种生活的态度,我们才能在任何时候都不会忘记自己的责任,哪怕生死攸关,命悬一线。

一名公交车司机行车途中突发心脏病,在生命的最后一分钟里，做了三件事：

——把车缓缓地停在马路边，并用生命的最后力气拉下了手动刹车闸；

——把车门打开，让乘客安全地下了车；

——将发动机熄火，确保了车和乘客、行人的安全。

他做完了这三件事，安详地趴在方向盘上停止了呼吸。这名司机叫黄志全，所有的大连人都记住了他的名字。

因为责任，所以优秀；因为责任，所以崇高；因为责任，所以伟大。即便是一位最普通的公交司机，在生命的最后一刻，心中想到的依然是对全车人生命的责任，这种责任，让一个最为普通的人变得无比的伟大，让一个平凡的司机变得优秀。这不仅是责任的荣光，更是信守责任、承担责任的伟大力量使然。

第三章　爱岗敬岗　忠诚敬业

——优秀员工是爱岗敬业的典范

忠诚比能力更重要，比智慧更珍贵，比世间一切的财富甚或名利都更有价值！忠诚的人不管到哪里，都会受到欢迎，得到重用。而缺乏忠诚，即使你再有通天的才华、傲世的能力，也必定会被社会所抛弃，找不到安身立命之所。优秀的员工始终坚守忠诚，因为忠诚，因为敬业，他们在最普通的岗位上也能发出钻石般的光芒。

1. 像钉子一样钉在自己的岗位上

优秀的员工有着强烈的岗位意识，任何时候都坚守自己的岗位，坚守自己的责任，像钉子一样钉在岗位上，任何时候都不会有丝毫的放松。

星期天的下午，一群男孩在公园里做游戏。在这个部署中，有人扮演将军，有人扮演上校，也有人扮演普通的士兵。有个“倒霉”的小男孩抽到了士兵的角色。他要接受所有“长官”的命令，而且要按照命令丝毫不差地完成任务。

“现在，我命令你去那个堡垒旁边站岗，没有我的命令不准离开。”扮演上校的亚历山大指着公园里的垃圾房神气地对小男孩说道。

“是的，长官。”小男孩快速、清脆地答道。

接着，“长官”们离开现场；男孩来到垃圾房旁边，立正，站岗。

时间一分一秒地过去了，小男孩的双腿开始发酸，双手开始无力，天色也渐渐暗下来，却还不见“长官”来解除任务。

一个路人经过，看到正在站岗的小男孩，惊奇地问道：

“你一直站在这里干什么呢？下午进公园的时候我就看见你了。”

“我在站岗，没有长官的命令，我不能离开。”小男孩答道。

“你，站岗？”路人哈哈大笑起来：“这只是游戏而已，何必当真呢？”

“不，我是一名士兵，要遵守长官的命令。”小男孩答道。“可是，你的小伙伴们可能已经回到家里，不会有人来下命令了，你还是回家吧。”路人劝道。

“不行，这是我的任务，我不能离开。”小男孩坚定地回答。

"好吧。"路人实在是拿这位倔强的小家伙没有办法，他摇了摇头，准备离开，"希望明天早上到公园散步的时候，还能见到你，到时我一定跟你说声'早上好'。"他开玩笑地说道。

听完这句话，小男孩开始觉得事情有一些不对劲：也许小伙伴们真的回家了。于是，他向路人求助道："其实，我很想知道我的"长官"现在在哪里。你能不能帮我找到他们，让他们来给我解除任务。"

路人答应了。过了一会儿，他带来了一个不太好的消息：公园里没有一个小孩子。更糟糕的是，再过10分钟这里就要关门了。小男孩开始着急了。他很想离开，但是没有得到离开的准许。难道他要在公园里一直呆到天亮吗？

正在这时，一位军官走了过来，他了解完情况后，脱去身上的大衣，亮出自己的军装和军衔。接着，他以上校的身份郑重地向小男孩下命令，让他结束任务，离开岗位。军官对小男孩的执行态度十分赞赏。回到家后，他告诉自己的夫人："这个孩子长大以后一定是名出色的军人。他对工作岗位的责任意识让我震惊。"

军官的话一点没错。后来，小男孩果然成为赫赫有名的军队领袖——布莱德雷将军。

优秀的员工就像这位小男孩一样，不论遇到什么样的困难，都不会轻易离开自己的岗位。坚守岗位，完成任务，这是优秀员工的职责，更是他们坚守的信念。

在企业里，我们常常会见到一些崇尚自由和个性、时尚又新潮的所谓"潮一族"的年轻员工，他们认为个性和自由才是最重要的，很少有自律和守纪的意识，认为只要是把自己应做的工作做好就行了，根本不用管是不是在办公室完成的，久而久之，就养成了一种自由散漫的习惯，视迟到早退为平常事，没有半点自律之心，随意进出企业，不守纪律，这是很危险的习惯。

迟到和早退、擅离工作岗位，也许很多时候都算不得是什么大事，但一旦出事就有可能产生极为严重的后果，对自己、对企业都会带来巨大的损害，这样的事例不胜枚举。

1999年9月2日23：00，某电厂锅炉运行二班4号炉司炉小刘戴上安全帽、手套，拿上看火眼镜走出集控室，到4号炉就地看火打焦。23：30，4号炉零米值班员走出隔音室去渣口时，发现3号炉甲侧磨煤机入口旁主通道躺着一个人，一看，是司炉小刘（脸、口、鼻有血，旁边有顶安全帽），立即送医院急救，但终因脑管畸形破裂出血抢救无效而死亡。

分析这次事故的直接原因是擅离岗位。死者的工作岗位在4号炉，却私自走到不属于自己当班工作范围的3号炉检修现场，违反了岗位责任制有关规定。而且他在离岗后连续违章。死者先是违章钻过安全警示遮拦，再违章跨过安全围栏，最后违章跨越吊装孔时不慎从高处坠落，头未碰地前安全帽已滑脱。

这样的教训是深刻的，也是发人深省的。要成为一个优秀的员工，就必须要有坚如磐石的岗位意识，任何时候都像钉子一样紧紧钉在岗位上，在岗1分钟就坚守60秒，踏踏实实，忠于职守。

2. 绝不允许在自己的岗位上出现哪怕0.1%的错

优秀的员工总是严格要求自己，他们不仅坚守自己的岗位，勇于承担自己的责任，对自己的要求比老板的要求还要高，绝不允许在自己的岗位上出一丝一毫的错误。优秀的员工从不得意自己99.9%的成功，而在乎的是那0.1%的错误和不足。优秀的员工总是知道，对企业而言，产品合格率达到99.9%也不行，因为哪怕只有0.1%的失误，对消费者也许就意味着却意味着100%的不幸！

一家电热水器生产厂声称产品质量合格率为99.9%，各项指标安全可靠，并有双重漏电保护措施，让消费者放心使用。一位消费者购买了该厂的电热水器，却不幸摊上了0.1%的失误。

像往日一样，他未关电源就开始洗澡，不曾想热水器漏电，而漏电保护装置又失效，他被电流击倒，一只胳膊当即被打断，他就因为这0.1%的失误而终身残疾。按说，带电使用电热水器属于正常操作范围，不应出现这一故障，即便发生漏电，漏电保护装置也会立刻断电，以确保使用者的安全，然而，这家企业满足于99.9%的合格率，却给那位消费者带来了莫大伤害。

海尔认为"有缺陷的产品，就是废品"，既不应该生产出来，更不能流通到市场上坑害消费者。因此海尔对岗位的要求是"绝不能出一丝一毫的错"。

一次，时任海尔公司副总裁的杨绵绵在分厂检查工作，在一台冰箱的抽屉里发现了一根头发丝。她立即召开相关人员会议，有的人私下议论说一根头发丝不会影响冰箱质量，拿掉就是了，何必小题大作呢？杨绵绵却斩钉截铁地告诉在场的干部、职工："抓质量就是要连一根头发丝也不放过！"并且还追究了当班岗位员工的责任，杨绵绵要求所有的员工只要在岗位上，一定要树立"绝不允许在自己的岗位上出现哪怕0.1%的错误"的思想，要求每一个员工都把岗位工作做到最好。

又有一次，一名洗衣机车间的职工在进行"日清"时，发现多了一颗螺丝钉。职工们意识到，这里多了一颗螺丝钉，就有可能哪一台洗衣机少安了一颗，这关系到产品质量和企业信誉。为此，车间职工下班后主动留下，复检当天生产的1000多台洗衣机，用了两个多小时，终于查出原因——发货时多放了一颗螺丝钉。

绝不允许在自己的岗位上出现哪怕0.1%的错，需要员工有很强的自律意识和高度的责任心。但企业中，真正能达到这样的要求的员工却并不多。很多企业里都有一些行为散漫、缺少自律的员工，最典型的行为莫过于“老板在与不在两个样”，除非有人一直盯着管着他做一件事，他才能集中精力工作，否则就很容易三心二意开小差。这样缺乏自律力和自我管理能力的员工在企业里无疑不受欢迎。

有些员工能力很强，态度却很差。很多工作不是不会做，是不肯去做好，不认真做，粗枝大叶，马虎了事，他们不是没有能力，而是认为做不好也没有多大问题，一旦养成了工作不严谨，工作细节不认真的习惯，他将变成一个没有工作能力的人。他会安于现状，得过且过，面对市场激烈和残酷的竞争视而不见，麻木不仁，懒于学习，知识和技能得不到及时的更新，长此以往，只能是被淘汰被抛弃的命运。

人们都渴望成就一番伟大而崇高的事业，但大部分人的主要职责却是完成一些微不足道的任务。优秀的员工其实就是在这样的平凡岗位上兢兢业业、认认真真、把工作做对做好做出成绩，永远不允许自己犯哪怕微不足道的错，把平凡的事情做成不平凡的员工。

3. 付出比别人多得多的汗水

优秀的员工是实实在在践行“多一盎司”定律的员工，是勤奋进取、舍得付出、甘心奉献的员工，他们之所优秀，是因为他们比别人付出了多得多的勤奋和汗水。

著名投资专家约翰·坦普尔顿通过大量的观察研究，得出了一条很重要的定律：“多一盎司定律”。他指出，取得突出成就的人与取得中等成就的人几乎做了同样多的工作，他们所做出的努力差别很小——只是“多一盎司”，但其结果，所取得的成就及成就的实质内容，却经常有天壤之别。

杨丽萍是我国著名的舞蹈演员，她留给我们印象最深的便是那美丽的孔雀舞。可是你知道吗,刚开始她并没有什么名气。杨丽萍从云南刚到北京歌舞团时,没有几个人看得起她。但是她很能吃苦,一般人练舞最多到晚上12点,她却要练到凌晨四五点钟。

有一次,北京歌舞团要举行一次全国性舞蹈比赛,她很想参加。做一条跳舞时穿的孔雀裙要花几百块钱,而当时她一个月的工资只有几十块钱,尽管非常为难,但她咬咬牙,想尽办法借到了钱,做了一条。

在评选即将结束的前一天,下着瓢泼大雨,杨丽萍带着录好的带子敲开了一位评委家的门。

这次大赛有规定:第一,带子必须由单位送来;第二,过了规定时间就不能参加。这两条杨丽萍都不符合,但是这位评委还是被她的真诚感动了,于是答应她:"我会在一个合适的时候,将你的作品放给大家看一下。"

结果,在看到她的带子时,所有的评委都被她优美的舞姿震惊了,杨丽萍最终获得了一等奖。

多付出一点,多做一点,便多了一分展示的机会。杨丽萍说:"我要成功,而作为一个女性要成功,我只能要求自己比别人多付出。"

"多一盎司"事实上并不是什么天大的难事,既然我们已经付出了99%的努力,已经完成了绝大部分的工作,再多增加"一盎司"又何妨呢?而在实际的工作生活中,我们往往缺少的就是"多一盎司"所需要的那一点点责任,一点点决心,一点点敬业的态度和自动自发的精神。

古罗马人有两座圣殿:一座是勤奋的圣殿,另一座是荣誉的圣殿。他们在安排座位时有一个秩序,就是必须经过前者,才能达到后者。那些试图绕过勤奋,寻找荣誉的人,总是被排斥在荣誉的殿堂之外,因为勤奋是通向荣誉的必经之路。那些成功者,那些做出了惊天动地大事的伟人,那些忠诚敬业成就卓越的人，都有一个共同的特点，那就是勤奋。从来没有一次成功是不需经过努力奋斗而得来的，从来没有一个成功者是散漫懒惰的。

日本保险行销之神原一平身高不足1米60，相貌长得也一般，这些不足之处影响了他在客户心中的形象，使他起初的推销业绩很不理想。原一平想：既然我的确存在一些劣势，那就让勤奋来弥补它们吧。为了实现争第一的梦想，原一平全力以赴地工作。早晨5点钟睁开眼后，立刻开始一天的活动：7点钟吃早饭，与妻子商谈工作；8点钟到公司去上班；8点半钟往客户家中打电话，最后确定访问时间；9点钟出去行销；下午6点钟下班回家；晚上8点钟开始读书、反省，安排新方案；11点钟准时就寝。这就是他最典型的一天生活，从早到晚一刻不闲地工作，把该做的事及时做完，从而摘取了日本保险史上的销售之王的桂冠。

从种植小麦的农夫那里，你也许能明白：如果种植一株小麦只能收一粒麦子，那根本就是在浪费时间。但实际上从一株小麦上可收许许多多的麦子。尽管有些小麦不会发芽，但无论农夫面临什么样的困难，他的收成必定多出他所种植的好几倍。所以，多付出一点，你的回报必然多一点。

王顺友是四川省凉山彝族自治州木里藏族自治县“马班邮路”的投递员。20余年间，他一个人跋山涉水、风餐露宿，按班准时地把一封封信件、一本本杂志、一张张报纸准确无误地送到每个用户手中。这个外表矮小、干瘦、背微驼的“男子汉”以顽强的意志战胜了孤独寂寞和艰难险阻，每年投递报纸8000多份、杂志700多份、函件1500多份、包裹600多件，为大山深处各族群众架起了一座信息和知识的桥梁。

从海拔近5000米到近1000米，依次经过察尔瓦山、雅砻江河谷、座窝山、矮子沟、鸡毛店山、山王庙峰、刀子山等大大小小的山峰沟谷，穿过四片野兽出没的原始森林。必经之地察尔瓦山，气候异常恶劣，一年中有6个月冰雪覆盖，气温降到零下10几度。而一旦走到海拔1000多米的雅砻江河谷时，气温又高达40多度，酷热难耐。从白碉乡到倮波乡，还要经过当地老百姓都谈之色变的“九十九道拐”。这里山路崎岖狭窄，抬头是悬崖峭壁，低头是波涛汹涌的雅砻江，稍有不慎，就会连人带马摔下悬崖掉进滔滔江水中。

在这条路上，没人能和王顺友比耐力，他顽强无比；没人能替他分担这近乎残酷的艰苦，他一肩挑、一人扛。当万家灯火、家人团聚的时候，王顺友往往是一个人蜷缩在山洞、牛棚、树林里或露天雪地上，只有骡马与他相伴。冬天一身雪，夏天一身泥，饿了就啃几口糌粑面，渴了只能喝几口山泉水或吃几块冰。到了雨季，他几乎没穿过一件干衣服。

王顺友以苦为乐。他是苗族人，唱山歌是他从小到大的爱好。在大山深处，常常走上一两天都见不到一个人，孤单寂寞时，他就亮开嗓子纵情地高唱山歌：“月亮出来照山坡，照见山坡白石头。要学石头千年在，不学半路丢草鞋……”

为了能方便沿途群众，他宁愿绕路、贴钱、吃苦，在风雨中多走山路，却从未延误过一个班期。他还热心为农民传递科技信息、致富信息，购买优良种子，给群众捎去生产生活用品，受到人们的交口称赞。

王顺友先后荣获全国五一劳动奖章和全国劳动模范、四川省优秀共产党员、全国优秀共产党员等荣誉称号，当选为四川省第九次党代会代表。2005年，王顺友应万国邮政联盟之邀，飞赴瑞士，为万国邮联行政理事会年会作关于中国邮政普遍服务的报告。万国邮政联盟是联合国管理国际邮政事务的政府间国际组织，自 1874 年成立以来，王顺友是受邀作主题报告的第一个普通邮递员！

优秀的员工就是这样，主动付出、甘心奉现，洒下比别人多得多的汗水、付出比别人多得多的辛勤，才最终在自己的工作中做出非凡的成绩，让自己的岗位闪闪发光，一直抵达优秀和卓越的峰顶。

4. 专心致志于自己的工作

优秀的员工也是专注的员工，是像钉子一样钉在自己岗位上，眼中、心中都只有自己工作的人。

专注是优秀员工的优秀品质，是平庸和卓越的分水岭。没有专注，就不可能有成功。因为一个人如果不能专注于自己的工作，三心二意，三天打鱼两天晒网，东张西望，左顾右盼，怎么可能取得成就？

一位农场主巡视谷仓时，不慎将一只名贵的手表遗失在谷仓里。他遍寻不获，便定下赏价，承诺谁能找到手表，就给他 50 美元。

人们在重赏之下，都卖力地四处翻找。可是谷仓内到处都是成堆的谷粒，要在这当中找寻一只小小的手表，谈何容易。许多人一直忙到太阳下山，仍一无所获，只好放弃了 50 美元的诱惑回家了。

这时，谷仓里只剩下一个贫困的小孩，仍不死心，希望能在天完全黑下来之前找到它，换得赏金。谷仓中慢慢变得漆黑，小孩虽然害怕，仍不愿放弃，不停地摸索着。

突然他听到一个奇特的声音滴答、滴答不停地响着，小孩顿时停下所有的动作，谷仓内更安静了，滴答声也变得更加清晰——是手表的声音。终于，小孩循着声音，在漆黑的大谷仓中找到了那只名贵的手表。

这个小孩成功的法则其实很简单:“专注地对待一件事,你就会打开成功的门栓。”著名的企业家马云这样说:“人一辈子专注地对待一件事……这个世界不是因为你能做什么,而是你该做什么……看见10只兔子,你到底抓哪一只?有些人一会儿抓这只兔子,一会儿抓那只兔子,最后可能一只也抓不住。重要的任务不是寻找机会而是对机会说‘NO’,机会太多,只能抓一个。”专注于一个点把它做深、做透,这样才能积累所有的资源。

当一只眼睛盯着别的东西时,另一只眼睛也就不可能全神贯注。要想达成我们心里的梦想,最好的办法就是将我们全部身心都集中于这一点,才能事半功倍,最快达到自己的目标。

有个初中毕业的荷兰农民,无法在大城市找到工作,只好回到小镇,但是小镇也没有适合一个初中生的工作,他只好去了镇政府看大门。

看大门的工作实在是太清闲了,实在没有什么事做时,这个青年选择了最费时费工的打磨镜片作为自己的业余爱好,他每天就这样不紧不慢、不慌不忙沉着性子打磨,日复一日,月复一月,年复一年,他这样磨呀磨,不知不觉60多年过去了,除了看大门,60多年以来他只做了一件事——磨镜片。但是正因为他专注于这一件事,他磨镜片的技术也成为全国一流的,而且他还因为磨的镜片实在太好,可以把微小的物体放大好多倍,从而使他发现了从来还没有被人发现过的另一个神奇的世界——微生物世界,他的发现震惊了全世界。

为了表彰他为人类作出的卓越贡献,初中文化的他被授予巴黎科学院的院士,英国女王还专程到小镇会见他。

这不是传说中的故事,而是实实在在的真实的人物,这就是科学史上最著名的发现微生物的荷兰科学家万·列文虎克。

可见,只要专心致志地坚持不懈地去认真做一件事,这件事一定会带给你成功的喜悦。很多天资不高的人之所以能够比聪明人的成就更大，只因为他们掌握了认真专注这个秘密武器。再有能力的人如果把精力分散在很多工作中，他致力于每一件工作中的精力就会很少，这样当然很难把工作做好，其结果肯定远远不如那些能力不大但专注于一件工作的人。有很多看起来很聪明的人，忙忙碌碌地同时做很多事情，看起来好像他们能力很强。可是往往到最后，这些人并不能真正做成什么事。反而，这世上有许多人，看来很弱，也没什么了不得的才能，却能成就伟大的事业，其秘诀还是在于他们有着非凡的认真专注的工作精神，认清目标，集中全力，不彷徨，不迟疑，坚持到底。

一群蛤蟆在进行比赛，看谁先达到一座高塔的顶端。周围有一大群围观的蛤蟆在看热闹。竞赛开始了，只听到围观者发出一片嘘声："太难为它们了！它们是无法达到目的的。"

蛤蟆们开始泄气了，可是还有一些蛤蟆在奋力摸索着向上爬。

围观的蛤蟆继续喊着："太艰苦了！你们不可能到达塔顶的！"

其他的蛤蟆都被说得泄了气停下来了，只有一只蛤蟆一如既往地继续前进，并且更加努力地向前。

比赛结束了，其他蛤蟆都半途而废，只有那只蛤蟆以坚强的毅力坚持了下来，竭尽全力到达了终点。

其他蛤蟆都很好奇，想知道为什么它就能够做到！一只蛤蟆走上前来，问它为什么能坚持到达终点。这时，蛤蟆们才发现它是一只聋蛤蟆。

专注是一种巨大的潜在内驱力，一种在任何情况下都坚如磐石的决心，一种从不受任何诱惑、不偏离自己既定目标的能力，一种目标明确、不屈不挠、坚持到底、不达目的绝不罢休的恒心，专心致志地做好自己的工作，你就一定能够获得巨大的成功。每一个人的时间、能力、精力都是很有限的,如果你想在各个方面都取得巨大的成功,那是不可能的,在这个世界上再也没有比把自己宝贵的精力无谓地分散到许多事情上更糟糕的事了。

有一只兔子,身材很修长,天生就很会“跳跃”,所以它一直有着“跳远冠军”的美誉,为此,它感到无比自豪和光荣。一天,森林里的国王宣布,要举办运动大会,以提倡全民运动。

于是,兔子就报名参加跳远项目。果然兔子又击败了鸡、鸭、鹅、小狗、小猪……夺得了跳远比赛的冠军。

后来,有一只老狗告诉兔子:“兔子啊,其实你的天分资质很好,体力也很棒,你只得到跳远一项金牌,实在很可惜。我觉得,只要你好好努力练习,你还可以得到更多比赛的金牌啊!”

“真的啊?你觉得我真的可以吗?”兔子似乎受宠若惊。

“没错啊,只要你好好跟我学,我可以教你跑百米、游泳、举重、跳高、推铅球、马拉松……你一定没问题啊!”老狗说。

在老狗怂恿之下,兔子开始每天练习跑百米,早晚也跳下水游泳,游累了,又上岸,开始练举重;隔天,跑完百米,赶快再练跳高,甚至撑着竿子不断往前冲,也想在撑竿跳比赛中夺魁。接着,又推铅球,也跑马拉松……

第二届运动大会又来了,兔子报了很多项目,可是它跑百米、游泳、举重、跳高、推铅球、跑马拉松……没有一项入围,连以前最拿手的跳远,成绩也退步了,在初赛就被淘汰了。

每个人都有自己的岗位,每个人都有自己的特长,你只有致力于自己的岗位,专注于自己的特长,你才能够把岗位工作做得更好,使自己的特长变得更专业。千万别总是认为自己是一个无所不能的全才,即使别人说你是全才,你也应当好好地掂量一下自己的能力,因为在这个世界上,最了解你的还是你自己,否则的话,你就像这只兔子一样,到最后可能会得不偿失,一败涂地。其实,兔子能够获得“跳远冠军”的美誉,就是因为它专注于跳远这一领域,并在此领域拥有着别人无法匹敌的优势。既然如此,兔子又何必一定还要去跑百米、游泳、跳高、举重、推铅球、马拉松……贪心地什么都想拿第一呢?

在一次博鳌亚洲论坛年会上,记者采访到全球最大的中文搜索引擎"百度"(Baidu)的创始人和当家人、年轻的李彦宏。当记者问他成功的秘决时,他的回答只有两个字:专注。

迈克尔·乔丹从15岁开始从事篮球事业,至今已过30多年。期间乔丹有很多机会从事很多行业,比如他有一阵子改打职业棒球,希望也在职业棒球史上留名。没想到,他的职棒表现平平,最后他放弃了职棒,专注篮球,坚持只投身篮球运动。因为专注,使他成为NBA历史上最伟大的球星。

还有世界著名的物理学家丁肇中先生,在40岁时就获得了诺贝尔物理学奖。丁先生说:"与物理无关的事情我从来不参与。"

巴菲特从11岁开始买第一只股票,现在70多岁了,还没有改行的迹象。巴菲特肯定知道很多赚钱的行业,但他没有去做,不管股市是牛市还是熊市,他都吊在这棵"树"上。

盛大网络有限公司总裁陈天桥也说:"贯穿于成长和诱惑之间的,是一种精神的较量,一种信念的较量,更是一种能力的较量。面对成长,面对诱惑,我们要学会专注!专注才能成功!"

所以,优秀的员工总是专注于自己的工作,把自己的工作做到最好,而不会三心二意地什么都想着去尝试一下。专注的工作态度正是员工突破障碍和取得工作成绩的关键,成为一个优秀员工的关键。

5. 严格遵守企业制度和岗位纪律

优秀的员工都是自律、自控、遵守规则、懂得克制的员工。他们知道怎样全心全意地工作，不把自我的情绪、欲望及散漫的态度带到工作中去。

古语说"无以规矩，不成方圆"，对于企业来说，没有纪律，便没有一切。

服务于英国警界30多年的尼格尔的自律是一以贯之的。无论是在工作上，还是生活中，他都是一个严于律己的人。有一次，他的母亲在公园散步时擅自摘取花朵，作为帽饰，当他发现后毫不留情地拘控母亲。不过，他替母亲交付了那笔罚款。他解释说："她是我母亲，我爱她，但她犯了法，我有责任像拘控任何犯法的人一样拘控她……"

尼格尔是令人敬佩的，但世界上像他这样自律之人毕竟只是极少数，否则他也不可能荣获"英国最诚实警察"的美誉了。

如果你具有强烈的纪律意识，在不允许妥协的地方绝不妥协，在不需要借口时绝不找任何借口，比如质量问题，比如对工作的态度等，优秀就会不请自来。

只有能够严于律己的人，才是能够遵守一切纪律的人，也才是现代企业所苦苦寻求的那种视服从纪律为生命，拒绝一切借口去执行的优秀员工。

其实事业上的成功，在很大程度上依赖于情绪的控制和严格的自律。一个人如果不会驾驭自己的情绪，总带着情绪去工作，就不可能经营好自己的事业。因为带着情绪工作会使你的反应迟钝、判断力下降，很容易引起工作上的失误，甚至导致事故的发生；带着情绪工作会影响你对他人的态度、服务质量和人际的和谐，因你的语言、表情都会和平时大不相同，所以，优秀的员工必须强化情绪自控力。

张岩是一家商店的售货员，头一天盘点发现丢了一件上百元的衣服，被小组组长批评了一顿。张岩的心里很恼火。第二天上班后，她仍然余气未消，这时有位中年女顾客走到她面前，要求看一些帽子。张岩装作没听见,毫不理睬,顾客又接连说了几遍。张岩越发不耐烦,大声嚷道:“喊什么喊,不就是看帽子吗?”顾客听后非常生气,直接反映到商店老板那里。结果,张岩不仅受到老板的严厉批评,还被扣除了当月工资。

所以,无论你遇到什么不如意事,都不要把情绪带到工作中去,要懂得调整心态。人最难克制的其实是自己的欲望。欲望有很多种,有的促使我们奋发、进取,如成功的欲望;有的却会让我们陷入地狱,如贪念、私欲等。要做到优秀,我们要学会多去想促使我们奋进的欲望,而约束那些不好的欲望。

公司的纪律就是我们在公司的行为准则,要一是一、二是二的严格执行才有意义。不然,纪律又有什么意义?但是有些缺乏自律性的员工总认为违犯一两次的纪律无所谓,没有什么大惊小怪的。殊不知小事可以坏大节,害了自己也损害公司的利益。比如用公家电话、电脑办私事,拿公家的复印纸、文具私用等,这种行为其实在职场中并不少见,很多人也许会说,这有什么?区区小事,何必计较?公私不分,贪图小利,久而久之,必会影响你的职业形象,引起同事和领导的反感,发展的机会也许就因而与你擦肩而过了。所以,我们应该时刻提醒自己,在企业中,要做到公私分明,光明磊落,勿因小失大,自毁前程。

小王大学毕业后,到了一家外贸公司做人事经理,由于日常工作不是很忙,工作一段时间以后,活泼开朗的她渐渐觉得无聊,不知如何打发闲暇时间。有一次,接到了大学同学的来电,相谈甚欢。这一次的电话交谈让小王茅塞顿开,自己有单独的办公室,守着电话,怎么以前就没想到这个解除无聊的办法呢?自此以后,工作之余,“煲电话粥”成了她的一大乐事,每天不打两个朋友的电话,就好像有什么大事没做似地,没着没落的。

时间久了,同事们渐渐开始私底下议论纷纷,并对她的人品表示怀疑,对她敬而远之。小王的行为终于在老板两次打电话打不进去的情况下,“东窗事发”,老板痛批了她以公谋私的行为并炒了她鱿鱼。

如果小王一如既往,相信她的前程不会太乐观了,因为任何公司都不可能喜欢以公谋私的人,我们应该引以为戒,不要因小利而断送自己的职业生涯。

规则是人们在日常生活、工作、学习中必须遵守的行为规范和准则。规则是保证生活、工作、学习正常运行的基础,也是个体与群体、社会和谐相处,进而实现自我价值的前提。规则是我们要严格遵守的,不遵守规则的员工是不可能做到优秀的。

不遵守规则的企业也难以生存的,更不要说发展,这就是规则的力量,所谓“不以规矩,不成方圆”。所以,员工必须牢固树立规则胜于一切的意识,自觉维护和遵守各项规则。

在第二次世界大战中,盟军进攻德军在巴黎的一座司令部大楼。枪林弹雨,整座大楼千疮百孔。但是,楼前的草坪却完好无损。为什么?因为草坪前写有一块牌子:“请勿践踏草坪。”士兵们是绕过草坪冲进大楼的。

在生死关头仍然不忘记遵守规则,这就是规则意识,这就是长期遵守规则养成的好习惯。在企业也一样,当每个员工都自觉地养成遵守规则的好习惯,整个企业就能有序运转,员工就能在有序、和谐的环境中为企业创造更多的财富。当规则意识变为习惯时,在工作、生活中你就会变成一位严谨、负责、有原则的人,你不会因权威而违背规则、不会因私情而抛弃规则,不会因环境的改变而淡忘规则。

在职场的激烈竞争中,守规则的人具有更多的成功机会。企业的规则具有强制性,是每一个员工都必须遵守的,不管你愿意不愿意,遵守规则都是必不可少的要求。但不可否认的是,现在企业中员工忽视、蔑视甚至违背规则的现象并不少见。在这样的企业氛围中,遵守规则的员工就会大有成功的机会。

乔尔大学毕业时到了一家软件开发公司工作,和他一起的,还有他的同学及好友沙恩。他们两个人都被分配到程序编辑组,有机会接触到公司最核心的技术秘密。

当时软件企业争战相当激烈,充满陷阱和诱惑。自从他们进入程序编辑组那天起,就有竞争对手想从他们那里套取技术秘密。

刚开始的时候,他们都顶住了诱惑。但是,时间一长,沙恩开始动摇了。有一天晚上,两个人还在单身公寓里为此吵了起来。

"我想不明白,对方开出那么好的价钱,顶得上我们两个人一年的工资,为什么不可以答应?"沙恩说,他指的是某竞争企业出资 10 万美元购买他们俩参与的一项软件的数据库。

"那违背了我们的做人原则,背叛公司是可耻的",乔尔说。

"我知道你很正直,可正直值几个钱呢?"沙恩反驳道。

"再说,我们卖出去,公司也未必能够发觉,即使发觉,也未必知道是我们干的,我们小组可有 20 几个人哩",沙恩还在说。

乔尔是沙恩最好的朋友,交往都 10 几年了,公司却只是一家进入不久的公司,但要让他支持沙恩,他怎么都做不到。

"别说了,反正我不同意!"乔尔终于吼起来了。

沙恩看到乔尔生气了,便表示放弃。但他心中并没有放弃,他决定瞒着乔尔单独去交易。

10 万元很快进入了沙恩的腰包,谁也没有发现,包括乔尔在内。但是,两个月后,竞争对手抢先一步推出相似软件,迅速占领市场,让乔尔所在公司为此损失数百万美元时,出卖技术秘密之事还是东窗事发了。

乔尔首先想到是沙恩。

沙恩向乔尔承认了出卖数据库的事。

“我知道你不同意那么做，所以我瞒着你做了；我知道你是我的好朋友，不会揭发我，所以我坦然地向你承认了。”沙恩说，“我们利用这笔钱去做点大事情吧，比如开家公司，别在这儿打工了。”

“不，沙恩，我是你的好朋友，但是你做错事了，我一定要揭发你！”沙恩非常震惊，10 几年的好朋友啊，难道友谊一下子就没有了？他抬起头来，想阻止乔尔去揭发他，但当他看到乔尔眼中含着泪花时，他又低下了头。他明显感受到了乔尔心中的痛苦。

两天后，他们一同走进了总裁办公室，沙恩还带着那张 10 万元的支票。

总裁要奖励乔尔，被他拒绝了，因为他说他出卖了朋友，虽然朋友做错了，但毕竟是朋友。

沙恩交出 10 万元的支票，并主动要求承担法律责任，因为 10 万元远远不能弥补公司的损失。

面对两个年轻人的决定和态度，总裁愣了足足 5 分钟。最后，他终于开心地笑了，他走过去，拥着两个年轻人的肩膀说：“我太高兴了，公司虽然损失了数百万美元，可我拥有了两个最优秀的员工，一个员工为了忠诚于公司可以背叛 10 几年的友谊，一个做错了事能够主动承担责任，你们的价值，绝对不止值数百万美元！这件事就当没有发生过，就我们三个人知道就是了，至于那 10 万元钱，你们自己处理吧。”

那 10 万美元，最后捐给了一所小学。

公司停止了泄密调查，除了三个人知道为什么外，其余人都不知道为什么。两个年轻人继续在公司开发软件，6 年后，两个人分别担任了技术开发部总经理和市场推广部总经理，他们的公司，也已经成为世界顶级的软件开发企业。

可见，对于员工来说，当你把遵守规则变为自己的工作行为指导准则，养成无条件服从的习惯，你就会自觉地对工作生成高度的责任感，你就会在激烈的竞争中保持强势的竞争力，优秀就会触手可及，成功就会离你越来越近。

6. 优秀员工把忠诚作为最高职业准则

忠诚是什么？忠诚是一种责任，忠诚是一种义务，忠诚是一种操守，忠诚还是一种品格。忠诚不讲条件，更不求回报，它是一种发自内心的情感。

忠诚的员工，对企业有百分之百的热爱，绝不会做有损于企业的任何事情，任何时候都不会背叛企业，他们对企业、对老板忠诚不移，忠贞不贰，永不离弃，永不背叛。这样的员工，是企业的无价之宝，是最优秀的员工，是企业最欢迎的员工。

我们知道，许多企业招聘员工的时候，第一看重的不是能力，而是个人的忠诚度。因为，能力是可以通过培养获得的，而要改变一个人品行，却十分困难。

肯尼斯先生是美国一家大型高科技公司的区域业务经理，急需招一位有经验的高级业务代表来拓展国防部合作事宜。一个理想的人选在一个月后出现了，他曾在肯尼斯的主要竞争者那儿工作过6年，熟悉一切业务流程。在面试最后当肯尼斯即将说出要录用他的决定的时候，这位应聘者从公文包里拿出一个小小的四方形信封，从中取出一张光碟。他得意地向肯尼斯解释，这张光碟载着肯尼斯的竞争对手，也就是应征者的上一个雇主的机密资料——包括所有客户资料和肯尼斯正在争取的那个国防合约的详细数据。而且他向肯尼斯保证如果雇佣他，就可以得到这类更多的光碟。

在接下来的几天的痛苦抉择中，肯尼斯在利益和职业道德之间徘徊，雇佣这个人，无疑可以拿下国防部等更多的大单，自己的财务压力就会减轻，公司的业务会扶摇直上；但这个人确实是一个毫无职业道德操守的职员，雇佣他，等于自己支持泄露商业机密的卑劣行径，这违背自己的信仰，而且难保这种人以后不会同样泄露自己公司的秘密。肯尼斯最后放弃了录用这个人的决定。

一个忠诚的人，一个将公司的兴亡视为自己责任的员工，他将最终拥有自己的事业。而一个人缺乏了忠诚这一品质，即使再有能力，有通天的才华，也必定会被社会所抛弃，找不到安身立命之地。

某白酒企业从1995年由一个白酒小作坊起家，发展成为了一家中型白酒企业。员工人数从当初的5人发展到200人，因为坚信质量和诚信，生意越来越红火。年销售额从过去的10多万元到现在的6000多万元。

该公司销售中心经理聂经理是一个能说会道，很有办事能力的人，因和公司高层产生意见分歧，双方一直未能达成共识而提交了辞职报告，可是就在辞职报告刚通过的那一刹那，聂经理开始了他的报复计划。

他把公司的机密文件和客户电话通过打电话及传真的方式告知各市场经销商，使得市场乱成一团，并引发很多纠纷，各地市场上的电话几乎将公司四部电话打爆，使得该公司经过多方面的努力和付出了相当大的代价才平息该事件。

同时，聂经理又打电话给当地的工商及税务部门，指出该公司账目有某某嫌疑。一时之间这两个部门齐齐来到该公司进行调查，虽然最后查证无此嫌疑，但毕竟给公司带来了无形的伤害，损害了公司的形象。

因为个人利益或一时意气用事，想尽办法来对企业进行报复，无论你报复成功与否，都会让你失去更多，失去了领导对你的信任，失去了尊敬你的同事，失去了自己的无形资产——个人品牌资产。如果同行知道你曾经如此对待老东家还敢录用你吗？还愿意和你这样危险的人交往吗？答案不言自明。

缺失了忠诚之心，背叛了企业，带来的将是背上一辈子擦拭不掉的劣迹，背叛的代价就是给自己的人格和尊严抹上污点。这样的员工必然遭到企业的唾弃，遭到社会的白眼，并最终断送自己的前途。即使是那些从你身上获取好处的人，也会鄙视你、远离你、抛弃你。

“我们需要忠诚的员工。”这是所有老板的共同心声。因为他们知道，员工的不忠诚会给企业带来什么。

员工的忠诚是企业的无价之宝，每个公司的发展和壮大都是靠员工的忠诚来支撑的。没有一批忠诚的员工，再大再强的公司也会垮掉。那些**忠诚于企业、忠诚于老板的员工，才是企业发展最有力的基石，是企业面对困难时最坚强的后盾。**从这个意义上说，忠诚比能力更重要，比智慧更珍贵，比世间的一切都更有价值。因为一个员工即使再有通天的本领，如果没有一颗忠诚于公司的心，也不可能为公司真心地付出他的本领和才能的。反之，即使他本领并不高强，但他的忠诚将远远高于一切能力和技巧带来的价值。在很多时候，忠诚都远比能力更重要，忠诚也比能力更让人信任。

有一个企业老板说得好：“我的员工可以没有技术，也可以不聪明，也可以不专业，但绝对不可以不忠诚，因为技术可以学来，笨拙可以靠勤奋补，不专业可以培训，忠诚却是用什么也换不回来的比金子还珍贵的品质。如果没有忠诚，我凭什么给他信任？他又怎么可以让我放心？”

有一家生产电子产品的公司到一家私人侦探社请求帮助调查新招聘的4名科技人才的品行。原来，前年他们在人才市场费了3个多月才招到了一名科技人员。这位科技人才能力很强，不到半年就研制出了电子新产品，产品在投放市场后很受欢迎。可就在公司准备扩大生产时，那位员工却提出辞职。在公司还没有同意的情况下，该员工就到另一家大公司上班了。在这名员工跳槽半年后，他们发现市场上也出现了和他们公司产品相似的产品。这件事让公司受到很大的打击，对科技人才再也不敢相信了。

现在，公司又招聘了4名科技人才，4名人才的能力都很强，可一直不敢放心使用，科研项目一直不敢启动，害怕再出现这种“叛逃”情况，泄露公司的机密。没办法，公司想到了调查公司，准备雇用私家侦探帮忙，调查公司新招聘员工的品行，包括原来的企业的业绩，员工、朋友对他们的印象，新员工原来单位对他们的评价等，以及他们在社会活动中的所有细节品行，以确定他们是不是忠诚可靠，可以让公司放心使用。

可见，忠诚真的是比能力更重要。能力可以学习提高，而忠诚却是一个人的基本品行和道德，是信任的基础，是选人用人的标准。

作为企业员工，不管你是否优秀，如果你渴望成功，渴望被委以重任，获得梦寐以求的广阔舞台，就应当抛开自己的“外骛之心”投入自己的忠诚。当你把身心彻底融入公司，尽职尽责，处处为公司着想，理解老板的苦衷，从不抱怨，兢兢业业地工作，那么，你就会成为一个值得信赖的、一个可以被委以重任的人，必然从平庸走向了优秀，从优秀走向了卓越，成就自己的辉煌人生，成为最好的员工。

优秀是什么？优秀就是既忠诚又有能力。所以，优秀的员工，就是那些忠心耿耿且能力超群的人。

职业经理人韩斌离开BS出版公司时，老板承诺的60万元年薪只兑现了18万元，但韩斌并没有因此怀恨BS出版公司的老板。在他离开BS出版公司的当月，就有另一家公司的老板请他喝茶，开价120万元年薪邀请他加盟。这120万元年薪，除了冲着韩斌的能力外，还冲着韩斌掌握着BS的营销渠道，新东家和 BS 出版公司是多年的老对头，他们想从韩斌身上找到打败 BS 出版公司的突破口。但韩斌拒绝了这 120 万元年薪，因为忠诚是他做人的原则。

离开 BS 出版公司，拒绝了多位老板邀请，身心疲惫的韩斌决定自己创业。他以自由职业者的身份，给企业做管理咨询，业余时间从事写作，这样一干就是一年多时间。这期间，BS 出版公司先后高薪聘请三位营销总监。有了对比才知道差距，老板发现，无论工作能力还是职业品质，韩斌都是无人可及的。尤其在得知竞争对手曾经高薪邀请，而韩斌没有接受后，BS 出版公司更觉韩斌难能可贵。

有能力、有智慧的人很多，而有智慧又忠诚的人才却不多。为此，他再次向韩斌发出了邀请。这一次，公司给出的年薪是原来的两倍，并承诺将一年多前欠的 42 万元工资补给韩斌。

忠诚的魅力是无穷的，它是一个员工的优势和财富，它能换取老板的信任与器重。如果你有了忠诚这一美德，终有一天，你会发现它将成为你巨大的财富。相反，如果你失去了忠诚，就算你再有通天的才华，也不可能进入优秀的行列，走进成功者的队伍。

在这个世界上，并不缺乏有能力的人，既有能力又忠诚的人才是每一个企业渴求的理想人才，才是真正优秀的员工。

7. 对企业百分之百地忠诚

任何一个社会都需要社会全员的忠诚，任何一个公司都需要全体员工的忠诚，任何一个人的成功都需要忠诚作为基石。每一个员工只要他进入企业，忠诚就是一项基本的义务，就要忠于自己的企业，忠于自己的职业。这不仅是一个员工起码的义务，也是做一个好员工最基本的要求。

忠诚敬业是员工最基本的职业素养，是个人的职业灵魂！忠诚敬业既是公司的需要,也是老板的需要,但更是自己的需要。一个对企业绝对忠诚的好员工还会获取更多的机会。

美国经济学家葛尔布雷有一位忠心耿耿的女管家,叫艾梅莉。一天,他告诉管家,因为劳累需要安静休息一会,午睡期间不接任何电话。

一会儿,白宫打来电话。

"请找葛尔布雷,我是约翰逊。"电话那边传来总统的声音。

"他在午睡,嘱咐过不要叫醒他,总统先生。"

"请你叫醒他,我有要紧事。"

"不,总统先生,我是替他工作,不是替你工作。"艾梅莉很坚决。

事后,葛尔布雷向总统表示歉意,总统显得很高兴:"告诉你的管家,我将请她来白宫工作。"

是的,艾梅莉的机会正是来自于她的忠诚。她的忠诚不仅没有让她失去机会,相反让她赢得了机会。因为忠诚是所有企业最为看重的员工职业素质,是所有老板用人的第一标准。老板们都坚信,一个能对自己原来的公司、朋友忠诚的人也将会对自己的公司忠诚,他会与公司同舟共济,共谋发展。如果一个人不能忠诚于自己原来的公司,又怎能让人相信他会忠于现在的公司呢?

忠诚是一种美德,是一种不受国家、地域、民族或文化影响的全人类共同尊崇和景仰的美好品德,是一种伟大的精神力量,一种崇高的人格修养,是高于能力、高于智慧、高于财富,甚至高于信仰高于一切的伟大品德。拥有这种美德的人,必然得到信任,受到重用,获得成功,并成就辉煌的人生。

对企业绝对忠诚的员工就是一个好员工。忠诚的员工是公司最需要的,忠诚的员工会坚守自己的岗位,兢兢业业;会理解自己的上司,甘愿承担繁重的工作;会主动配合自己的同事,善于帮助别人;会处理好自身与客户的关系，对每一个客户都讲求诚信，真诚以待；会自觉维护公司的形象，绝不会出卖公司任何商业机密。只有所有的员工对企业忠诚，才能发挥出团队力量，才能拧成一股绳，劲往一处使，推动企业走向成功。

忠诚的员工是企业最大的财富，也是老板们最钟情的员工。但是，如果不注意把握忠诚与愚忠之间的区别，忠诚变成了愚忠，那么这个员工就无法发挥出他的最大作用，甚至会给企业带来负面效应，聪明的老板绝对不需要愚忠的员工。

有一个故事广为流传，看完之后你就会明白什么是愚忠，什么是真正的忠诚。

多克先生是德国一家大企业的总裁，他曾经亲自招聘过一位项目部经理。

当时，经过多项测试考察，为数不多的几个人幸运地进入了最后的复试阶段。这次，是多克先生亲自主持的面试，他称此关主要是考察应聘者的勇气和忠诚度。在企业的休息室里，面试者被一个接一个叫去应考。

第一位被叫进多克先生办公室的男士满怀信心地接受考察。他被带到一个房间，多克问，“我们为了考察你的忠诚，你是否愿意为获得这份工作而待在这个房间里两天两夜不吃不喝？”面试者毫不犹豫地回答：“我愿意！”于是，他就真的待在那个房间里。然而，两小时后，多克却告知他可以回家，他被淘汰了。

第二位被叫进去的男士也满怀信心。他被带到了另一间屋子前，多克先生对他说：“房间里有一张表格，你去把它拿出来，填好后交给我。不过，要用你的脑袋把门撞开！”这位男士心想：既然总裁要考察的是勇气，那么绝不能在总裁面前表现出软弱来。于是，他不由分说地用头撞门，头已经破了门还没被撞开。多克见状，赶紧说，“好了，你回去等候通知吧。”

一个接一个的“勇士”被带到了多克先生的办公室，可是，他们谁也没有得到多克先生明确录用的回答。

最后一位面试者被带到了多克先生的办公室。多克先生对他说:“现在办公室就我们两个人,旁边桌子上的水杯是我公司一个副总的,最近他总是让我不愉快,我给你一包泻药,你去投到他杯子里。”

“什么?你居然要我做这种事?这是不道德的!”那个男士本能地反应道。

“我是这里的老板,你得服从我的命令!”多克先生毫不客气地吼道。

“这样的命令毫无道理,你简直是个疯子,这份工作我不要了!”那个男士想也没想就回答道。

多克先生没有说什么,又先后提出了前面面试的不合理要求,但他的要求都遭到了这位男士的严厉拒绝。最后,这位男士非常气愤,准备立即离开。这时,多克先生极力挽留他,并向众人宣布,这位男士被正式聘用了。

多克先生解释道:“**真正的勇士是敢于坚持正义和真理而不畏强权的人,真正的忠诚不是一味听上司的话,而要敢于纠正上司的错误,**以免造成不必要的损失。”

很显然,多克先生的做法是再明智不过的。任何一个老板,都不会雇用那些不顾正义一味“效忠”的人。愚忠的人,不可能给企业带来任何财富,他们只是老板背后的“跟屁虫”,不懂得创新,不懂得向老板提出有建设性的意见,即使老板的决策是非常错误的。

愚忠是不可取的。真正的忠诚,是行动而不是语言,真正的忠诚并不是放弃自己的个性和主见,并不是绝对和老板保持一个声音,更不是卑躬屈膝。

盲目的服从和愚忠不仅不是真正的忠诚,不会为企业带来效益,反而贻害无穷。任何事都要有尺度,要不然就会过犹不及,反受其害。

愚忠是一种不负责任的表现,极有可能在盲目执行中给企业带来损失，甚至有可能让上司陷于不义之中。优秀的员工之所以优秀，是因为他们忠诚，同时也有智慧，不会愚忠、傻忠和痴忠。

真正忠诚的员工还是那些任何时候都对企业不离不弃的员工，他们与企业患难与共、风雨共担，他们绝不会是跳来跳去的员工。

很多人工作一不如意就跳槽，人际关系不行也跳槽，看到待遇好的工作就更要跳槽，有时甚至没有任何原因也跳槽。在他们的眼里，下一个工作肯定比现在的好，一切的问题都可以用跳槽的方式解决，就这样不停地跳来跳去，结果就失去了自我，也失去了方向，甚至不知道自己到底该干什么了，跳槽倒成了他的工作一样，最终还会栽倒在这跳来跳去上。

多数时候的跳槽都是一股冲动。公司和个人的矛盾是可以调节的，古语说得好："既来之，则安之。"世界上的事情不可能每一件都顺心如意，当自己不再适合公司的大环境时，最好还是调节我们的心态，做出改变。否则，跳槽并不能解决问题的根本，它只能解决一时，当发现自己又和新公司产生矛盾时还会跳槽。如此跳来跳去只会陷入恶性循环中。

忠诚度高的员工一般不会轻易地选择跳槽，因为他对企业、对职业、对岗位、对工作都有一种高度的责任感，这种责任感会让他全心全意地专注于做好这份工作，而不会太计较这份工作的好坏得失，计较自己的利益。但是恰恰因为他的忠诚和专注，让他能取得比别人更大的成绩，减少了变换工作的成本，反而更容易成功。

真正对企业有信心、对企业忠诚的优秀员工是不会轻易跳槽的。因为他知道他的忠诚一定会有回报，他的忠诚是企业不断发展的力量之源。跳来跳去，不仅失去了对企业的忠诚，也损害了自己的发展，优秀的员工不会选择这样做的。

8. 优秀员工把忠诚握在手上、刻在心中

优秀员工把忠诚握在手上、刻在心中，不管在什么情况下，也永不会

忘记忠诚;不管做什么工作,都把忠诚放在第一。他们做每一件工作,完成每一个任务,都以忠诚为第一,他们的忠诚体现在他们做每一件事情中。忠诚不仅是他们信奉的职业准则,也是他们的人生态度。优秀的员工不会出卖企业的秘密,不会损害、更不会出卖企业的利益,因为忠诚就在他们心里。

企业的机密是企业赖以生存和发展的重要资源之一,企业的机密对企业的生存和发展至关重要,有时甚至是决定企业生死的关键。所以,作为企业的一员,作为一个忠诚的员工,一定要充分认识到企业机密的重要性,任何时候都要严守企业的机密,保护企业的利益。

小王是一家咨询公司的前台,对于公司机密了解得非常少。接触到的最多的信息,无非是最近谁到哪里出差了,要订什么机票;今天哪家企业要来公司访问,要订什么餐厅和宾馆,等等。她怎么也想不到,自己竟然会因为泄密而受到公司的处分。

一天,小王和朋友喝茶,朋友给她引荐了另外一位朋友,是一家研究所的研究员。席间,研究员问起小王工作的情况,并顺带问了问小王公司的情况。小王为了体现自己公司是有实力的大公司,就顺口举了几个客户作为佐证。不想言者无意,听者有心。研究员听了小王说的客户后,立刻着手查找信息,搜集关系,将小王所在公司快要签订的一个项目搅黄了,并且取而代之。

煮熟的鸭子飞了,老板自然非常生气。查找下来,发现是小王的问题,考虑到她是无意的,公司没有辞退她,而是取消了她的年终奖和工资晋升的机会。自从这件事情之后,公司迅速与全体工作人员签订了保密协议,堵上了这个缺口。

小王的事情还不是很严重,有些不经意的泄密,甚至使得企业破产。因为通过这些小事情,竞争对手可以顺藤摸瓜了解更多的信息,再加上其他渠道信息的佐证,竞争对手就能全面透彻地了解企业,并可能形成了针对性的措施，让企业受到重创。

比如2009年的“力拓间谍案”中的胡士泰，他窃取机密的手段居然最多的是在杯来箸往的饭桌上。他们可以用最小的代价打听到最有价值的情报。而且中国对什么是秘密也没有一个标准，很多时候大家就是在不自觉中将信息透露出去了，在中国很多员工的保密意识是不够的。胡士泰可以一顿饭就问到钢厂库存、产量等消息，约几个人见面就可以搞定内地钢铁企业的生产安排、炼钢配比、采购计划、毛利率、库存量等资料，甚至铁矿石谈判的对策和底线等极为关键的秘密透露给铁矿石供应。对方可借此推算出中方对铁矿石的需求量，在谈判中，可以据此来掌控价格的加减，所以才导致中国铁矿石谈判一直处于被动境地。据估算，在铁矿石谈判中中国多付资金超过7000亿元。

这样的损失对于企业而言，几乎是无法承受的。由此可见，保守商业机密对于商战而言有多么重要。

但是，我们看到的是商业泄密案件越来越多的事实。“力拓间谍门”刚沉寂一阵子，在浙江绍兴的民营企业圈中，商业秘密泄露已成一块“心病”。

“仅以浙江上虞市杭州湾工业园区为例，仅园区内就有近60%企业的商业秘密被泄露或遭他人盗用，给企业带来了无可估量的损失。”这是《每日经济新闻》2010年8月的一个调研结论。数据显示，大约有80%的企业发生过数据泄露事件，而这些泄密事件中，绝大部分是内部泄密，也就是背叛企业的行为让企业机密泄漏，也有一些是员工不小心泄了密。

工商所的调查则显示，窃取商业秘密的案件也越来越多，手段也多种多样，最为典型的是跳槽，还有企业派出“卧底”安插在竞争对手企业内，进而挖取重大商业机密。而间谍角色多扮演调研人员、黑客、兼职或做实习生、花钱收买人等手段也常被用于商业秘密窃取过程中。

可见,现代商战已进入一个白热化的阶段,企业的战争已经从资金战争、人才战争、资源战争发展到了机密战争。所以,身在职场,保守企业的秘密,差不多是一个职场天条,也是忠诚最直接的体现。对于忠诚的员工而言,不仅要在主观意识上严守企业机密,在平常的生活中更要有保密的意识,时时刻刻保守企业的机密,不让机密外泄,对企业也对自己造成任何的损失。

要保守机密,当然首先要明白机密的概念,要清楚企业中需要严守的秘密范围:

(1)载有业务数据内容的文件、报告、电报、资料、图纸、图片、内部刊物、录音带、录像带等;

(2)具有秘密内容的各种会议、会议文件和会议记录、商业策划等;

(3)人力资源部门对员工的考核材料、决定干部任免、奖惩的意见及有关材料;

(4)不宜公开的科研项目、工艺技术、技术诀窍、发明创造和试制成果;

(5)集团公司以上总经理和重要客户的活动计划和情况;

(6)对外业务活动中,内部掌握的原则和政策;

(7)不能公开的其他生产设施;

(8)人事档案、文书档案和科技档案;

(9)尚未公开的产品价格和财务数据;

(10)各种公章(印模)、印信、证件;

(11)其他公司规定的秘密事项。

保守商业秘密要从平时做起,一刻也不能放松。而且要时时注意提防:由于保密措施不力,一些公司存在着很多机密漏洞和隐患,主要表现有以下几种:

(1)单位的秘密文件、资料、刊物、图片,无专人管理,造成乱放、乱扔以至丢失；

(2)没有保密规章制度，员工可任意翻印或复印秘密文件，以致造成失密；

(3)公司管理层随意将涉密文件扩大读阅范围，对自己责任范围内的文件没有承担起检查责任；

(4)员工个人携带秘密文件、资料、图纸、图片等外出开会、办事或带回家庭、宿舍存放，造成遗失；

(5)违反保密规定将秘密文件、资料刊物当做废纸任意出售，或做他用；

(6)个别员工不能做到守口如瓶，有意无意地传播秘密消息，甚至把内部传达或研究的秘密事项泄露给家属与无关人员；

(7)宣传人员在写文章或向新闻单位投稿而将不宜公开的内部情况和有关数据、图片披露出去。

针对以上情况，我们便可有的放矢地为公司保守商业秘密。以下是员工保守商业秘密的具体措施及要求：

(1)强化自己的保密意识及法制观念；

(2)加强文件的管理，在借阅有商业秘密的文件时，做到不借给他人传看，阅后及时归还；

(3)凡属机密文件、资料，均应上缴，不得随意散发；

(4) 凡属机要文件，未经经理同意不得外传外借，更不能复印给其他公司和个人；

(5)上下班要对桌面上的文件进行清查，下班时对未分发传阅的文件要锁入柜内，妥善保管，杜绝文件资料乱丢乱放的现象；

(6)不该说的机密，绝对不说；

(7)不该问的机密，绝对不问；

(8)不该看的机密，绝对不看；

(9)不该记录的机密，绝对不记录；

(10)不在非保密本上记录机密；

(11)不在私人通信中涉及各种机密；

(12)不在公共场所和家属、子女、亲友面前谈论机密；

(13)不携带机密材料展览、参观、探亲、访友和出入公共场所。

一个企业秘密是企业最应当保守住的，这不仅是因为这个秘密可能耗费了企业的很多精力和资金，最重要的是这个秘密极可能就是企业赖以生存的关键，它可以让企业兴旺发达，也有可能让企业一蹶不振。这样的秘密一旦泄露，后果可以想见。一个忠诚的好员工绝对不会不把企业的秘密当回事，而到处张扬，口无遮挡的。忠诚的员工最需要坚守的信条是:一定要保守公司的秘密，不该问的不问，不该说的不说，公司的各种事情都不可以随便张扬，绝对守口如瓶。

每个职位都有一定权限，也有一定的责任，该了解什么信息，该承担什么责任，一般都是清晰的。该你知道的信息，你不问也会告诉你。不该你知道的信息，你问，则会将双方推入尴尬境地。别人不回答你，你会觉得没面子；别人回答你，又违反了相关的规定。这种让双方都不愉快的事情，最好就不要做。

忠诚的员工不仅时时保守公司的机密，还会时时处处维护公司的荣誉和形象，保护企业利益不受任何损害。维护公司形象的前提是树立荣誉感，以公司为荣，以成为公司的一员为荣。在热爱公司的问题上，一个优秀的员工不仅应时刻秉持这样的观念，更要落实到行动上。如果你仅仅把公司当作谋生的场所而缺少这种荣誉感甚至厌恶你的公司，那么离开也许是最好的选择。在这种心态的支配下，可以断定你不会做出什么成绩。

忠诚的员工在日常工作、生活中自觉维护集体的声誉。维护集体的声誉体现在各种细微之处，比如拨打和接听电话时，你永远要注意语气，体现出你的素质与水平，展示公司的形象。微笑着平心静气地接打电话，会令对方感到温暖亲切。不要认为对方看不到自己的表情，其实，从打电话的语调中已经传递出了是否友好、礼貌、尊重他人等信息了。也许正是因为你不经意的冷淡和鲁莽,就会吓走一个潜在的客户,使公司利益遭受不必要的损失。

维护公司形象应体现在每个员工工作以及生活的方方面面,尤其在与外部人员交往时,更应时刻注意维护公司形象,不说、不做有损公司形象的言论和行为。要知道,此时你代表的不仅仅是个人,而是整个公司。要知道,公司的荣誉与个人的荣誉是息息相关的,也就是所谓的一损俱损,一荣俱荣。

如果公司形象确实存在某种欠缺,从维护公司利益的角度出发,员工应该向上级或相关领导提出自己的改进意见,这才是真正负责的做法,而不是牢骚满腹甚至毫无顾忌地任意宣扬。

老板需要维护企业荣誉的员工,这样的员工也是老板期望的好员工,是企业里最优秀的员工。

第四章 坚决服从 完美执行

——优秀员工是不找借口的执行标兵

优秀的员工和优秀的军人一样，总是视服从为天职，不管在任何时候任何地方，服从第一。但是这种服从不是机械地服从，更不是盲从，而是甘心服从，乐于服从，没有任何借口地服从，而且及时、有效、完美地执行。优秀的员工总是服从的典范，执行的标兵。

1. 优秀的员工视服从为天职

“军人以服从命令为天职”,这句话我们都耳熟能详。是军人最基本准则之一,也是世界著名的西点军校之魂。

服从,在西点人的观念中是一种美德。“服从可以赢得绝对胜利”正是西点的独特校训。在西点军校,即使是立场最自由的旁观者,都相信一个观念,那就是“不管叫你做什么都照做不误”,这样的观念就是服从的观念。西点人认为,军人职业必须以服从为第一要义,学不会服从,不养成服从观念,就不能在军队中立足。

哈里·杜鲁门总统为何解除了道格拉斯·麦克阿瑟的职务?朝鲜战争的失败只是其中的一个原因。杜鲁门总统在解除麦克阿瑟职务时说,他之所以终止麦克阿瑟的政治生涯,既不是由于麦克阿瑟同他意见不一致,也不是由于麦克阿瑟对他进行人身攻击,而是由于麦克阿瑟不尊重总统的办公厅,这是绝对不能容忍的。麦克阿瑟最后被撤职,就是因为他不服从上级。

麦克阿瑟不服从上级指令可是历来有名的。在20世纪20年代末30年代初的经济危机期间,一些退伍军人及其家属到华盛顿请愿,要求政府发给现金津贴。当时任陆军参谋长的麦克阿瑟到示威现场阻拦,在任总统胡佛指示麦克阿瑟不要动用军队对付示威者。麦克阿瑟对总统的指示不予理睬,用军队驱散了示威的人群。

第二次世界大战结束后,杜鲁门总统尽管对麦克阿瑟印象不佳,但对麦克阿瑟还是委以重任。麦克阿瑟成为日本的绝对统治者,他对日本的政治、经济进行了力度非常大的改革,使日本基本上消除了军国主义、法西斯主义,走上了社会经济迅速发展的道路。但麦克阿瑟在没有经过总统批准的情况下,擅自将驻日美军削减一半。麦克阿瑟的举动实属目中无人，杜鲁门大为恼火。战争结束后，杜鲁门两次邀请麦克阿瑟回国参加庆典，都被麦克阿瑟以“日本形势复杂困难”为由回绝。

1951年4月11日，杜鲁门总统下令撤销了麦克阿瑟的一切职务。最让麦克阿瑟尴尬的是，他是在新闻广播中获悉自己被撤职的。这一消息实在太突然了，没有丝毫思想准备的麦克阿瑟听到后，面部表情一下子呆滞了。他万万没有想到，功勋卓著的他，会被总统撤销了一切职务。

不能服从，就标志着指令是空文，标志着命令不能有效执行，这对于一个组织而言，无疑是最致命的。就算一个人再有才华，总是不服管教、不听命令，也只能忍痛割爱，剔除队伍外去。麦克阿瑟再战功卓著又怎么样？不服从也一样只能撤职，只能开除。因为这样的人在队伍里，不仅执行不了命令，还会成为执行命令的绊脚石，留着干嘛！

商场如战场，员工如同士兵。每一位员工都必须服从上级的安排，就如同每一个军人都必须服从上司的指挥一样，因为只有服从才是胜利的保证。一个国家、一支军队，或是一个企业、一个部门，其成败在很大程度上就取决于是否完美地贯彻了“服从第一”的理念。

服从，就是指个体按照社会或群体的要求，或他人的意志而做出的行为。主要包括服从社会规范，服从组织原则，服从团体利益，服从最终决议，服从领导指令。企业虽然不是军队，但企业却同样需要服从。

在企业中，如果企业里面思想不统一，每个人都有自己的想法，这就像很多马拉的马车，没有统一的指挥，每匹马都有自己的方向，车原地不动，或者在倒退。这就需要有赶车的人，统一群马的方向，群马也要服从指挥，马车才能前进，也才能体现群马的价值。因此，服从对企业、对员工具有重大的意义。

优秀的员工和优秀的军人一样，视服从为天职，不管在任何时候任何地方，服从第一。

2. 不讲任何条件地服从

既然服从是员工的天职，那么服从就不允许找任何借口，不必讲任何条件。

在任何一个企业，那些最优秀的员工都明白一个做事的原则：服从第一。在下属和上司的关系中，服从是天经地义的。下属服从上司，是上下级开展工作，保持正常工作关系的前提，是融洽相处的一种默契，也是上司观察和评价自己下属的一个尺度。没有服从就没有执行，所谓的创造性、主观能动性等都在服从的基础上成立，否则上司再好的思想也推广不开，也就没有了价值。

毕业于西点军校的沃尔玛创始人沃尔顿经常说："没有服从就没有执行，团队运作的前提条件就是服从。我们要的不是和领导作对的员工，而是服从领导决策，第一时间完成任务的员工。"沃尔玛公司的"无条件服从"是每一位员工都必须奉行的行为准则，员工对上司指派的任务都必须无条件地服从，而不是去寻找借口逃避，哪怕是看起来非常合理的借口。

因此，"服从是员工的天职"这句企业里的警句并非夸张。每个员工在进入一家新的公司后，就必须从零开始，然后要给自己一个定位，明确自己的职责，服从公司分配给你的任务，然后才有勤奋努力、执行创新以及做出效益，忠诚敬业的员工永远不会忘记，服从是天职，任何时候，服从第一。

真正的服从是无条件的服从，是没有任何借口的服从，只有这样才能产生惊人的力量。有些员工认为"我认为对的就服从，我认为错的就不服从"。持这种观念的人是错误的。如果上级的指令要经过你的选择才能执行下去，这样一来，岂不是你的选择显得要比上司更具权威？所以，服从者应该放弃个人的主见，服从于上司和组织的，一心一意地去执行所属企业的价值理念和指令。你可以在绝对服从和立即执行的基础上更加完善,但绝对不能在执行上打折扣。如果你有什么意见或者建议,应该在上司发出指令前提出,如果你的意见没有得到上司的采纳,你也必须立刻去执行上司的指令,哪怕你认为是错误的,也要先服从执行后再与上司商量、沟通,而不是自作主张,找借口找理由不服从。下面的故事也许能给我们一些有益的启示。

有一个生产饲料的公司,专门为各大城市宠物店供应宠物饲料,有一次,一个客户预订了 100 箱猫饲料罐头,但要求用狗饲料罐头盒进行包装。老板按顾客的要求安排下去,并一再叮嘱,不能弄错,但产品发出不久就被退回,并要求公司承担相应的赔偿。老板很纳闷,打开包装箱才看到,发出的货品还是用猫饲料罐头盒包装的。老板非常生气,忙把当时的值班班长叫来,问个究竟。原来,值班班长认为肯定是老板弄错了,猫饲料怎能装在狗饲料盒里,又不好意思跟老板争辩,就自作主张,还是习惯性地用了猫饲料的盒子。他哪里知道,顾客之所以这样要求,是因为这个顾客养了很多猫和狗,但猫不知怎么都养成了一个习惯,不是装在狗罐头盒子里的饲料,就不吃,而且也不吃狗的饲料,顾客只好每次用狗吃完的盒子喂猫,感觉非常麻烦,于是就向这家公司高价订做了一批特殊的“狗”饲料。

不好好服从怎么好好执行？这位员工就是一个很好的范本。所以,作为员工,根据自己的感觉去判断正误,是不正确的。当你对事情做出对错判断的时候,实际上已经说明你比领导更具判断力。但是你的判断标准仅仅是你自己的判断标准,并非领导和企业的标准,因此,执行命令前做出正确与否的判断,并不恰当,最合理的办法就是立即执行,用结果去判断正误。

对于员工来说,工作的第一步,就是学会服从。只有服从,才知道工作从哪里开始,怎样去工作,如何出色地完成工作。所以,员工要树立以服从为天职的观念。面对工作,无论你的知识多么丰富,积极性多么高涨，都无法代替你的职位和思考角度的局限性。学会接受命令，执行命令，必须怀着虔诚和敬仰的心，认真去接受，出色去完成，因为这折射着你的工作态度和工作精神。接受领导的命令，也意味着与领导的合作已经开始，你的服从就意味着对领导的尊敬和认可，只有这样领导才会对你信任，才会对你的工作放心，才会大胆地安排你工作，你才有机会得到提升。

有一位叫卡特的年轻人，上司让他去一个新的地方开辟市场，那是一块十分偏僻的地方，公司生产的产品在很多人看来要取得销路是十分困难的。因此，在把这个任务分派给卡特之前，上司曾经三次把这个任务交给过公司里的其他人，但是都被他们以各种理由推掉了。他们一致认为那个地方没有市场，接受这个任务最终结果将是一场徒劳。上司不得已才委派公认的最忠诚可靠、爱岗敬业的卡特上阵。

卡特在得到上司的指示后什么也没有多说，只带着一些公司产品的样品出发了。三个月后，卡特回到了公司，他带回了令人振奋的消息，那里有着巨大的市场。其实，卡特在出发之前，他也认定公司的产品在那里没有销路。但是，由于他坚决的服从意识，他毅然前往，并用尽全力去开拓市场，结果最终取得了成功。

卡特的这种精神就是一个忠诚敬业的员工应当具备的服从精神。如果你为一个公司工作，你应该对自己发誓，你必须服从于这个公司。无论什么时候，你都应该主动、积极地去完成上司交给你的任务。

服从是忠诚敬业的明确表现，服从的态度就是忠诚敬业的态度，就是全心全意维护企业整体利益的态度，有了服从，才有执行。

3. 不找任何借口地执行

“没有任何借口”是美国西点军校200年来最重要的行为准则。“没有任何借口”体现的是一种负责、敬业的精神，一种服从、诚实的态度，是一种成熟的人生心态，一种完美的执行能力。准时、守纪、严格、正直、刚毅，在一些管理学专家看来，这正是21世纪企业管理所必备的。所以“没有任何借口”也成了众多著名企业奉为圭臬的理念和价值观。找借口，就是把自己需要承担的责任转嫁给社会或他人；找借口是对所做事情的拖延和放弃；借口会使人疏于努力，不再是想方设法争取成功，而是把大量的时间和精力放在如何寻找一个更合适的借口上；借口也会让我们失去别人甚至是自己的信任，所以拒绝借口。

一家针织刺绣厂效益相当好，想要进这家工厂的人很多，厂方给前来应聘者设置了不低的“门槛”，特别是招聘时，经常出一些怪题“难为”大家。即使这样，人们还是想来这里碰碰运气。

有一年，厂方给应聘者出的题目是“36小时内折叠1800只爱心千纸鹤”。大部分应聘者都知道和见过千纸鹤，有的还亲自动手折过。她们想，这是细活，厂方可能在考验应聘者的耐心和动手能力，因为纺织行业需要这种精神和能力。回去后，女孩子们发现，这几乎是不可能完成的任务。因为，即使不吃饭不睡觉，也很难在如此短的时间内折叠完1800只千纸鹤。或许，厂方是在比较谁的手更灵巧麻利、谁折叠得多、谁的质量更好。这样一想，很多应聘者的心态放松下来。

36小时后，应聘者带着各自的作品接受检验。结果是：少部分人放弃了，极少部分人完成了任务，绝大多数人只完成了500到1000只。厂方对应聘者进行了面试和询问。有人说：家里出了意外，很难在短时间内安心完成任务。也有人说：这是根本无法完成的工作,任何人都无法做到,除非她又长出第三只手,我已经尽力了。还有人说:我认认真真地叠好每一只纸鹤,做到精益求精就够了,别的也没有多想。而完成任务的应聘者做法竟然惊人的相似:她们都找了家人或朋友帮忙。

结果按时完成任务的人顺利被录用了,其余的应聘者全部被淘汰。厂方的解释是:

首先考察的是:应聘者的执行力,不能按时完成任务的决不是合格的员工;其次考察的是:应聘者的应变能力,之所以不在现场动手干活,就是想让她们回去动脑子想办法;最后更为重要的是:绝对不会招收爱找借口的员工。

不要给自己任何的借口和推卸责任的理由,上司要的是结果,而不是你再三的解释原因。一个高效的企业一定要有良好的服从观念,一个优秀的职员也应该有服从意识。如果一个下属不能无条件地服从上司的命令,这样的团队必将走向失败;反之,则能产生强大的执行能力,取得巨大的成功。

汤米是肖娜手下的一位小组负责人,他是位经验丰富的老职员,目前正在负责起草一个项目的具体执行计划。但是对于汤米的计划书,肖娜认为不合她的心意,并提出了一大堆修改意见。汤米据理力争,但肖娜拿出了上司的威风,汤米只得按照肖娜的指示做了改动,结果公司上层对这份计划书表示非常不满。面对上司的责问,肖娜只字未提自己的横加干涉,而是找了一个完美的借口:“这是我的一位手下具体负责的,我并不太清楚。不过请您放心,我会让他重新制作一份的。”肖娜的借口的确达到了为自己开脱的目的,可是她恐怕永远也不能指望汤米在今后的工作中跟自己通力合作了。

“没有借口”是成为所有企业追求完美的最有力保障,它强调的是每一位员工都应该对自己的职业行为准则奉行不渝并坚决执行,而不是为没有遵守行为准则去寻找任何借口,哪怕看似合理的借口。

不要感慨自己的付出与受到的肯定和获得的报酬不成比例,不要老是觉得自己得不到理想的工资,不能获得上司的赏识。这样的情绪是产生借口的温床。千万别找借口!在现实生活中,我们缺少的正是那种严格遵守行为准则,坚决贯彻执行的优秀员工,而不是去寻找借口的人。在他们身上,体现出一种诚实、坚定的态度,一种负责、敬业的精神,一种完美的执行能力。

做一个不找借口地执行、保证完成任务的员工才算得上是一个优秀员工。借口是敷衍别人、原谅自己的"挡箭牌",真正认真负责、有能力、踏实肯干的人是不会找借口的。因为找借口没有半点好处。寻找借口唯一的"好处"就是把属于自己的过失掩饰掉,把应该自己承担的责任转嫁给社会或他人。给拖延找到一个冠冕堂皇的理由,为懒惰贴上一张纵容的纸条。

"没有任何借口地执行"在众多知名企业中得到了大力推广,它对提高企业业绩无疑是一剂强心剂。对每个员工来说,如果贯彻这个理念,工作上无疑会取得很大的突破。更重要的是,他能够获得一种全新的工作理念,从而走向自己职业生涯的顶点。

"海信集团之所以能够在海内外市场激烈竞争中,一直保持其电视、空调、冰箱、手机等主导产品的产销规模每年以两位数的速度递增,达到现在的221亿元人民币,原因与其说是决策成功,不如说是海信拥有一支高水平执行力的团队。"海信集团领导这样说过,**"对企业而言,丧失了执行力是致命的。"**

提高执行力是每个员工的责任和义务,是优秀和卓越的具体表现。乐于服从,坚决执行,主动工作,奋发上进,绝不会找任何理由拒绝或拖延执行,对自己要求严格,不用别人来强迫或督促,无论做任何事情,都全力以赴,尽职尽责;无论在什么工作岗位,都以服从为天职,从不抱怨,更不会以任何借口推诿工作,这样的员工当然就是企业里最优秀的员工,就是企业最好的员工，也是最容易成功的人。

4. 抛弃消极和被动，主动执行

优秀的员工绝不会做只知道机械完成工作的“应声虫”员工，更不做挑三拣四见风使舵的“陀螺员工”。一个以企业为家、以责任为重的员工也会以自动自发为本分，任何时候都不用老板催促，任何事情都做到前面，主动去做别人不愿意做的“苦差事”，从来不怕“吃亏”，也不会消极地对待工作，被动地接受工作，因为他们知道消极被动的态度是不可能让自己有所成就的，甚至会毁了自己的前途。

有一个人养了两匹马，一天他领着两匹马外出拉活。两匹马各拉一辆大车，前面那匹走得很好，而后面的一匹常常停下来。于是主人就把后面一辆车上的货物挪到前面一辆车上去。等到后面那辆车上的东西都搬完了，后面那匹马便轻快地前进，并且对前面那匹马说：“你辛苦吧，流汗吧，你越是努力干，主人越是要折磨你。”

回到家后，主人想：“既然只用一匹马拉车，我养两匹干什么？不如好好地喂养那匹勤快的马，把另一匹马宰掉，总还能拿到一张皮吧。”于是，他便把那匹懒马杀掉了。

消极被动甚至偷懒的行为最终损害的只能是自己，任何成功的机会不会白白降临到你的身上，只有那些主动做事，主动工作的人才有获得更多好机会的可能。但遗憾的是，意识到这一点的人并不多，大多数人早已养成了拖延懒惰的习惯。只有当你主动、真诚地提供真正有用的服务时，成功才会伴随而来。

一个人的工作没有主动性，没有追求完美的精神，总是等着领导来告诉他现在应当干这个应当干那个，其结果与自动自发工作的人会有本质的不同。我们常常看到有些工作能力强的人，却总是得不到领导的赏识，究其原因，主要就是他们的主动性不够。

周敏是一家商场的营业员。她自认为自己是一个好员工，做了自己应该做的事情——记录顾客的购物款。然而有一天，当她正在和一个同事闲聊时，经理走了进来，他环顾四周，然后示意周敏跟着他，他一句话也没有说就开始动手整理那些订出去的商品，然后又走到食品区，开始清理柜台，将购物车清空。

周敏惊讶地看着这一切，仿佛过了很久才醒悟过来。经理希望自己和他一起做这些事！周敏之所以惊诧万分，不是因为经理亲自在做这些事情，而是以前自己从来没有想到要主动去做这些事情，原来这些事也是可以做的，也是应该做的。可是，从前没有人告诉她要做这些事——其实现在也没有说过。

这件事使她心灵上受到了极大的冲击。从此以后的周敏不再是一个等着事情来找她的员工，而是一个自动自发、主动积极的员工了。年底时，周敏得到了提升。

养成了主动的工作习惯，就掌握了个人进取的精义。那些以无比的热情看待自己工作和事业的人，总能发掘出无穷的机会。相反，那些被动的人，只能永远等着别人给他安排任务，而且还要推脱搪塞，在这同时，他也推掉了机会。

很多人之所以失败，是因为他们总是被工作拖着走，总是处于一种被动的状态，这一项工作还没有做完，下一个工作又来了，他总是被动的，而这种被动更加深了他的消极，使他对所有的工作都没有热情了，他再也没有主动性来做其他的工作——手上的工作就已经够他受的了。这并不是他的能力不够强，这与能力没有关系，而是他对待工作的态度。这种人总是习惯于拖延，对于面前棘手的工作拖着不办，工作当然越积越多；越多让我们压力越大；压力越大我们就越没有信心；越没有信心我们就越消极。久而久之，我们就会被这种消极的情绪所钳制，以至于对工作都产生了厌倦，甚至更为严重的后果。所以，一定要学会抛弃这种消极和被动的态度，一开始就培养极积主动的工作心态和工作态度，培养一种完美的执行能力，一种服从、诚实的态度，一种负责、敬业的精神。这包括以下9个方面的修炼。

(1)自动自发；(2)注重细节；(3)为人诚信，敢于负责；(4)善于分析判断，应变力强；(5)乐于学习，追求新知，具有创意；(6)对工作投入；(7)有韧性；(8)有团队精神，人际关系良好；(9)求胜的欲望强烈。

所以如何做到主动执行，提高执行力，也可以从这些方面来改进和完善。

一要积极进取，增强责任意识。责任心和进取心是做好一切工作的首要条件。责任心强弱，决定执行力度的大小；进取心强弱，决定执行效果的好坏。

因此，要提高执行力，就必须树立起强烈的责任意识和进取精神，坚决克服不思进取、得过且过的心态。把工作标准调整到最高，精神状态调整到最佳，自我要求调整到最严，认认真真、尽心尽力、不折不扣地履行自己的职责。绝不消极应付、敷衍塞责、推卸责任。养成认真负责、追求卓越的良好习惯。

二要脚踏实地，树立实干作风。天下大事必作于细，古今事业必成于实。虽然每个人岗位可能平凡，分工各有不同，但只要埋头苦干、兢兢业业就能干出一番事业。好高骛远、作风漂浮，结果终究是一事无成。

因此，要提高执行力，就必须发扬严谨务实、勤勉刻苦的精神，坚决克服夸夸其谈、评头论足的毛病。真正静下心来，从小事做起，从点滴做起。一件一件抓落实，一项一项抓成效，干一件成一件，积小胜为大胜，养成脚踏实地、埋头苦干的良好习惯。

三要提高办事效率。“明日复明日，明日何其多。我生待明日，万事成蹉跎。”因此，要提高执行力，就必须强化时间观念和效率意识，弘扬“立即行动、马上就办”的工作理念。坚决克服工作懒散、办事拖拉的恶习。

每项工作都要早作计划，提前准备，这样的执行效果必将大不一样。

早作计划，早作安排，必然有助于抓紧时机、加快节奏、提高效率。

孟子说："凡事预则立，不预则废。"这反映了古人对计划和准备的重要性的认识。计划固然重要，但我们也要知道，没有好的执行力推进计划的落实，事情就好像是海市蜃楼一样虚无缥缈，制订了再好的计划也等于没有计划。

四要学会控制自我，管理时间。你想做什么不是问题的关键，任意而为是缺乏控制能力的表现。一个做事情有效率的人，必须清楚需要首先处理的事情是什么。如果不清楚这个问题，必将导致你的执行低效甚至执行无效。

查尔斯是一家钢铁公司的总裁，公司生产和销售的形势虽然不错，但是在管理上却比较混乱。为了解决运营中效率不高的问题，他专门会见了效率专家艾维。在会谈中，查尔斯坦承，虽然他在公司管理上花了很多时间和精力，但效果却不尽如人意。同时他强调，他需要的不是更多空洞的理论，而是能很快见效的实用方法。他还说："应该做什么，我们自己非常清楚。如果你能告诉我如何更好地执行计划，我听你的，在合理范围之内价钱由你定。"艾维说："没问题，只要你按我说的去做。"接着，他递给查尔斯一张白纸，要求他在这张纸上写下明天要做的6件最重要的事。然后，他让查尔斯按照重要程度把这6件事排列清楚。做完这一切，艾维说："现在把这张纸放进口袋。明天早上第一件事是把纸条拿出来做第一项，不要看其他的，只看第一项。着手办第一件事，直至完成为止。然后用同样的方法对待第二项、第三项……直到你下班为止。如果你只能做完前5件事，那不要紧。因为你总是做着最重要的事情。"

艾维还让查尔斯在他的公司中推广这个方法，最后他说："至于报酬，看到成效后由你来定。"

几个星期之后，查尔斯给艾维寄去一张2.5万美元的支票和一封信。信上说:那次会面是他一生中上的最有价值的一课。而5年之后,这个不为人知的小钢铁厂一跃成为当时世界上最大的独立钢铁厂。

成功的人会在有限的时间内做得比别人多,做得比别人好。其实,要做到这一点并不难,只要你在做事情时遵循"要事第一"的原则。某些时候,正确的行动方式会创造惊人的价值,就像查尔斯一样。当他分不清事情的主次、眉毛胡子一把抓时,他的工作就陷入了混乱,不但工作效率低下,连带整个公司都运转得不大顺畅,高层的决策常常不能被有效地执行。当他运用适当的管理方法,把工作重心放在最重要的事情上后,他和公司的执行力都得到了提高,虽然人员不变,时间也没有延长,但他们却做出了比以前更优秀的业绩。

五要勇于开拓积极创新,改进工作方法。只有改革,才有活力;只有创新,才有发展。面对竞争日益激烈、变化日趋迅猛的今天,创新和应变能力已成为推进发展的核心要素。因此,要提高执行力,就必须具备较强的改革精神和创新能力,坚决克服无所用心、生搬硬套的问题,充分发挥主观能动性,创造性地开展工作、执行指令。

戴尔公司作为个人电脑销售方面公认的老大,成功的秘诀就在于员工有着主动执行、不讲任何借口执行的理念和行动。

一次,有一个家住S市比较偏僻的胡同的青年人想买一台戴尔电脑。他通过一张报纸了解到,戴尔公司对该市可提供上门送货服务,而且速度比较快。他想试试戴尔公司的服务质量。

于是,他随意给戴尔公司打了个电话,然后坐在家里与朋友打麻将。大约一个小时后,门铃响了。他打开门,来人称是戴尔公司上门服务的销售员。

他本想马上接待这位上门服务的人员,但早就听说戴尔公司的员工服务态度都相当好,他想试一试,于是他态度生硬地说:"没看到我们正在玩麻将吗?半个小时后我再接待你。"说完，他“砰”的一声，将门关紧了。

销售员当即说了一声“对不起”之后就转身走了。他以为这位销售员肯定不会再来了，哪知半个小时后，门铃又响了。这个销售员又来了，一进门就说：“对不起，刚才不知道您没空接待！”

这回买主见销售员不仅没有发怒，而且进门就赔礼道歉，不由得有些感动，于是感叹道：“都说戴尔公司的服务质量和服务态度都好，想不到还真是如此！”

“是的，我们公司崇尚的是在每一个环节和每一个阶段都一丝不苟，绝对不能出现任何伤害顾客的现象。”

正是这种主动积极、不折不扣的执行理念，戴尔公司才有了今天的成绩。

执行虽然是听命行事，是服从命令之后的具体行动，却同样需要积极主动的精神才行。消极和被动是不可能把事情执行到位的。所以，抛开消极和被动，主动去执行、才能真正把事情做好、执行到位。

5. 每一个流程做足一百分，不折不扣执行

执行是做好工作的关键，只有不打一丝折扣，把每一个流程都做足一百分，才能不折不扣地执行，才能执行到位，百分之百地完成任务。

麦当劳就是做足流程、执行到位的典范，它作为餐饮企业，麦当劳把“保证食物的质量”当做经营准则中的首要原则和核心内容。为了得到这个结果，麦当劳要求工作人员把工作准则中的每一条标准都执行到位。

在麦当劳餐厅，那松软的面包、喷香的牛肉、爽口的生菜令消费者纷至沓来，但是很少有人知道他们手中的生菜经历过多少次浇水、施肥，用过什么牌子的农药；牛肉从屠宰到做成汉堡每分钟的温度要达到多少，松软的面包有多少个空眼，空眼的密度又是多大……这些问题或许普通的消费者并不关心，但它们

是麦当劳成长为全球商界“巨无霸”的秘密所在——将每一个环节都执行到位。

以汉堡中的生菜为例，麦当劳从生菜种下去的那天起就进行全程监控，将污染降至最低：所有种植地周边一公里内必须无工业“三废”污染源，无养殖场、化工厂、矿山、医院、垃圾场，与生活区的隔离须超过20米，土壤和水中的重金属和微生物不能超过国家绿A标准。

种植过程则严格遵循GAP（良好田间管理）和适用于宇航员食品安全的HACCP（危机分析关键控制点系统），对使用农药的名称、生产厂家、喷施浓度、次数、停药期都有严格的规定和记录。如果在原料接收时发现异物和农药残留物超标时，立即退货。

在麦当劳的《全面供应链管理》手册中，规定必须有详细记录地段和土壤的资料，其后每一环节——养土、选种、播种、种植、灌溉、施肥、防虫也一一详细记录，再加上完善的产品回收计划，包括定期模拟测试，万一有问题发生，可以保证在最短的时间内找到每一片菜的来源并及时解决。

汉堡中的牛肉同样要经过层层把关才能进入餐厅，从牛被屠宰那一刻起，每一批牛肉都有一个温度记录仪，全程记录每分钟的温度，新鲜牛肉必须在零下18℃时被冷冻，在整个物流过程中全程保鲜。

在烹调环节上，麦当劳的每个产品都有电脑严格控制制作温度。例如，麦当劳设定69℃为牛肉烹调安全温度标准，并确保牛肉被彻底地加热到这个温度，以达到肉质安全、锁住肉汁和营养的目标。

在牛肉的加工车间，工人在7℃～10℃的环境下工作，每隔半小时要洗一次手。在这些用巨大铁门相互隔开的车间里，牛肉饼要经过40多项控制指标和检测，只要有1.5毫米的金属混杂其中，就会立即被金属探测器检出并剔除。

生菜如果放在调理台上2小时未用就必须扔掉；鸡翅出炉后常温保持30分钟未售出的必须扔掉；麦乐鸡出炉后30分钟未售出的也必须扔掉…… 从顾客开始点餐到最后将所有餐点交到顾客手中，这段时间要求在60秒之内完成。

从60秒到30分钟，这高难度的动作每天每时每刻都在麦当劳上演。所以，厨师们要对各个时段的各种产品的需求量有一个明确的判断，这样才不会造成缺货或者浪费。

正是麦当劳员工把如此严格、完整、细致的标准和制度完美地执行下去，才使得拥有数千家连锁店的麦当劳运转自如，获得巨大的成功，给公司带来巨额利润的同时也巩固了企业的国际形象。

执行打折的原因主要在于执行者在工作中表现出来的眼高手低。“这是小事一桩，无关紧要”，“不要吹毛求疵”、“这些鸡毛蒜皮的小事不值得一提”，尤其是当老板不在时，“工作做完就好，不用太过用心”等，都反映出了一些人对于工作的漠视。而事实上，执行力强的人善于从小事做起，只有把一件小事做好了，方能成就大事。正如海尔张瑞敏说的那样：**“把每一件简单的事情做好，就是不简单；把每一件平凡的事做好，就是不平凡。”**海尔从重锤砸冰箱，到不许随地大小便，都是在做小事，在强调细节。如果当初张瑞敏对海尔冰箱的质量问题、员工在厂区随地大小便等问题视而不见，不重视、不整顿，海尔可能早已退出商业舞台了。所以，越是小事越需要注意，越是细节越不能马虎。

美国一家公司在我国台湾订购了一批价格昂贵的玻璃杯，为此美国公司专门派了一位专员来监督生产。来到我国台湾以后，这位专员发现，这家玻璃厂的技术水平和生产质量都是世界一流的，生产的产品完美无缺，他很满意，就没有刻意去挑剔什么，因为生产方自己的要求比美方还要严格。

一天，他无意中来到生产车间，发现工人们正从生产线上挑出一部分杯子放在旁边。他上去仔细看了一下，没有发现两种杯子有什么差别，就奇怪地问："挑出来的杯子是干什么用的？"

"那是不合格的次品。"工人一边工作一边回答。

"可是我并没有发现它和其他的杯子有什么不同啊？"他不解地问。

"你自己看，这里多了一个小的气泡，这说明杯子在吹制的过程中漏进了空气。"

"可是那并不影响使用啊！"

工人很自然地回答："我们既然工作，就一定要做到最好，任何缺点，哪怕是客户看不出来，对于我们来说，也是不允许的。"

"那么这些次品一般能卖多少钱？"

"10 美分左右吧。"

当天晚上，这位美国专员给总部写信汇报："一个完全合乎我们的检验和使用标准，价值 5 美元的杯子，在这里却在无人监督的情况下被用几乎苛刻的标准挑选出来，只卖 10 美分，这样的员工堪称典范，这样的企业又有什么不可以信任的？我建议公司马上与该企业签订长期的供销合同，我也没有必要待在这里了。"

"做了"与"做好"，虽然只是一字之差，却有着本质上的区别。前者只是完成了任务，至于任务完成的好坏却并没有负责，甚至走过场甚至糊弄人也未可知，后者却意味着对组织的目标负责、对工作的品质负责、对执行的结果负责。一个员工是不是称职，是不是达到优秀水准，关键在于他是重视"做了"，还是重视"做好"；一个人在执行时是不是抓住了关键，也要看他是不是把执行的重心放在了"到位"这两个字上。

6. 不拖延不死板善变通，完美执行

执行，说到底，要的是结果，过程并不是最重要。所以一个优秀的员工懂得，怎样在执行的过程中想尽一切办法，完美地执行。

有些员工会在执行的过程中说“我已经按要求去做了”、“我已经照你说的做了”或者“我已经尽最大的努力了”。这显然不是执行到位的表现，所以，企业想要完美的结果，在执行中一定要拿出“小题大做”、“一分钟也不拖延”和“精益求精”的精神将执行标准准确无误地落实下去。

执行不能拖延，拖延是执行的大敌。不管什么事，只要一拖延，执行的效果就会大折折扣，要做到完美执行，几乎就不可能。所以执行要立即行动，马上执行。

温水煮青蛙的故事很多人都知道，但也许有很多人还不太明白这个故事对于立即执行的意义。

> 把青蛙直接扔进沸腾的水中，青蛙的神经刺激反应很快，它会马上跳出来。反过来，如果把青蛙先放进20℃～30℃的温水中，再给水逐渐加热，直到沸腾为止，青蛙则会被活活煮死。水温过高，为了保全性命，青蛙会毫不犹豫地立刻跳出，所以青蛙在第一种情形下安然无恙。但是，如果一开始把青蛙泡在温水中，它会忘乎所以地在水里游来游去，根本就察觉不到水温在变化，神经系统反应也不灵敏，等发现异常时，已经奄奄一息，没有跳离沸水的力量了，只能坐以待毙。这就是没有立即行动的后果。

这种情形同样也发生在人身上，很多人养成一种优游的习惯，凡事都愿意拖一拖，不必今天做完的事绝不会在今天做完，即使必须在今天做完的事也能拖就拖，能挨就挨，没有一点紧迫感，就像那只在温水中自得其乐的青蛙一样，最后不得不接受死亡的结局。当毫无紧迫感已经成为一

种习惯,你将身陷水深火热而不自知。

拖延损害品格,囚禁你的自由,最终让你沦为放任和懒惰奴隶。所以不管做什么事,都不能拖延,要马上行动,说做就做,一分钟也不拖延。"立即行动"是成功者的座右铭,下定决心立刻去做,往往会使你的梦想很快实现。

10几年前,古三还只是一家公司的一名小职员,平时的工作是为上司做一些文书工作,跑跑腿,整理整理报刊材料。工作很辛苦,薪水也不高,他总琢磨着想办法赚大钱。

有一天,他偶然看到一则新闻:"现在美国各地都大量采用自动售货机来销售商品,这种售货机不需要人看守,一天24小时可随时供应商品,而且在任何地方都可以营业,它给人们带来了方便。可以预料,随着时代的进步,这种新的售货方法会越来越普及,前途一片光明。"

他想:"北京现在还没有一家公司经营这个项目,我何不试试,经营这项新行业?"

于是,他千方百计筹到了5万元,一下子购买了10多台售货机,分别将它们设置在酒吧、剧院、车站等一些公共场所,开始了他的事业。

当人们头一次见到公共场所的自动售货机时,感到很新鲜,只需往里投入硬币售货机就会自动打开,送出你需要的东西。自动售货机的生意不错,在第一个月就为他赚到了2万多元。他再把每个月赚到的钱投资于售货机上,扩大经营的规模。5个月后,古三不仅还清了所有借款,还净赚了20多万元。

一些人看这一行很赚钱,也都跃跃欲试。古三看在眼里,他认为必须马上制造自动售货机。于是他自己投资成立工厂,研究制造"迷你型自动售货机"。这项产品外观特别娇小可爱,上市后反映极佳,古三又因制造自动售货机而大赚了一笔。

立刻去做、决不拖延，是判断强者和弱者的主要标志；立刻去做、决不拖延，也是判断一个员工是否优秀的重要标准；更是一个人能否获得成功的重要品质。

优秀的员工没有拖延的劣习，只要听到命令或想法成熟，就会雷厉风行、立刻去做、绝不拖延，这样公司可以抢占市场先机，自己得以飞黄腾达。

19 世纪 50 年代，受旧金山淘金热的影响，年轻的美国小伙子李威·施特劳斯也按捺不住了。他放弃了自己轻松的文职工作，随着两个哥哥来到旧金山。到旧金山不久，他开办了一家百货店。

一天，一位来店里买东西的淘金工人无意中对施特劳斯说："你们的帆布包真的很适合我们，为什么不用帆布做成裤子给我们淘金工人穿呢？我想，那一定比我们现在的棉布工装裤结实耐用多了。"

说者无心，听者有意，施特劳斯经过一整夜地反复思考，决定立即采用这位淘金工人的建议，于是他马上取出一块帆布到裁缝店，做出了第一条帆布工装短裤。这种工装裤诞生以后，果然受到了众多矿工的喜爱。这种工装裤就是现在风靡全球的牛仔裤的前身。

过了些日子，一位从远方来看望施特劳斯的朋友见到工人购买工装裤的情形，向他建议道："我认为，你应该聘请一些有丰富经验的裁缝，先把这种裤子重新设计一番，再投入一些资金，并进行相应的广告宣传，然后把它完全地推向市场。"爽快的施特劳斯又立即接纳了这位朋友的建议，把经过重新设计的工装裤推向了市场。令施特劳斯没有想到的是，这种裤子不但吸引了大批矿工的喜爱，而且受到了年轻人的青睐。

后来，他引进设备，组装生产线，开始大批量地生产这种工装裤——牛仔裤，并利用各种媒体对牛仔裤进行大肆地宣传，甚至还大谈特谈起“牛仔文化”，无孔不入的宣传使牛仔裤广得人心。牛仔裤的市场前景越来越光明、越来越广阔，他的公司因此而获得了蓬勃发展。

工作中，有很多稍纵即逝的机会摆在我们面前，能否抓住这些机会，不仅取决于是否有敏锐的洞察力，是否善于吸纳别人的建议，而且还取决于是否能立刻去做、决不拖延地去付诸行动。应该说，后者更有现实意义。

决不拖延，立刻去做！这句话是一个惊人的自动器，是完美执行的前提，当你感觉到拖沓、空谈等恶习向你靠近时，你需要用它来提醒自己。

要做到完美执行，还有重要的一条就是要学会灵活，学会变通，不是一味地死守规则，生搬硬套。机械听命、不懂变通的员工是不可能做到优秀的。

世间万物都在变。没有变化，就会落后，就无法生存。事变我变，人变我变，适者方可生存，这就需要变通。

变通就是我们遇到困难和变化时所采取的方法和手段。变通能够让我们的思维灵活起来，从而可以触类旁通，不局限于某一方向，不受消极思维定式的桎梏，从多方面选择和考虑问题，越过思维定式的障碍，才可以最完美地执行。

几年前，张杰还是一家建筑材料公司的业务员。当时公司最大的问题是如何讨账。公司产品不错，销路也不错，但产品销出去后，总是无法及时收到款。

有一位客户，买了公司 10 万元产品，但总是以各种理由迟迟不肯付款，公司派了三批人去讨账，都没能拿到货款。当时他刚到公司上班不久，就和另外一位姓张的员工一起，被派去讨账。他们软磨硬泡，想尽了办法，最后，客户终于同意给钱，叫他们过两天来拿。

两天后他们赶去,对方给了一张10万元的现金支票。

他们高高兴兴地拿着支票到银行取钱,结果却被告知,账上只有99000元,很明显,对方又耍了个花招,他们给的是一张无法兑现的支票。第二天就要放春节假了,如果不及时拿到钱,不知又要拖延多久。

遇到这种情况,一般人可能一筹莫展了,但是张杰突然灵机一动,拿出1000元,让同去的小张存到客户公司的账户里去。这一来,账户里就有了10万元。他立即将支票兑了现。

当他带着这10万元回到公司时,董事长对他大加赞赏。之后,他在公司不断发展,5年之后当上了公司的副总经理,后来又当上了总经理。

有许多满怀雄心斗志的人毅力很坚强,但是由于不会积极地适应多变的环境因而无法成功。根据现在的情况为实现目标而改变策略吧!第二次世界大战期间,美国海军陆战队上将罗伊·S.盖格在一次训话中讲道:**“你们只有一个脑袋,必须要有两种功能,我要求你们用左脑去服从,用右脑去创造!”**将服从与创造完美结合,寻找最佳方式,漂亮地完成任务是每个陆战队员的目标,这也应当成为每一个渴望优秀的员工的目标。因为有很多时候刻板地、机械地执行,难以达到完美的效果,必须要求我们学会变通才行。

小张是某企业分公司在某市负责市场监管的员工,他的上司是陈经理。一天,分司接到经销商王先生的投诉,说在自己的专卖店附近,有一家未经企业授权的小店公然打出灯箱广告出售同类产品。小张实地调查确认情况属实,于是表明身份,要求店主取消广告,将产品下柜。不料店老板立刻翻脸,称他不是从企业进的货,企业管不着。争执中,小张了解到店主是从当地最大的经销商之一的李先生那里拿的货,难怪不怕企业。

小张随即打电话给李先生,申明公司的市场监管制度,责令立即撤销这个店,否则后果自负。李先生对小张的态度非常生气,打电话给陈经理诉说不满,痛陈自己帮助企业开拓市场的艰辛,说:“以前市场开拓艰难的时候,也有这种把货发到不太合公司标准的店去卖的情况,那时候公司也没说什么。现在市场做大了,就用规范管理太压我们了?”陈经理对李先生进行了安抚,又回头向小张耐心开释:“这件事,不是一个简单的制度问题,如果强硬地执行公司制度,不但业务无法开展,我们还要自找气受,甚至受到上级领导的处罚……”

接着,陈经理提出了自己对问题的想法:首先对李先生进行安抚,对他长久以来对公司的支持表示感谢;其次,让小张就之前对他的态度表示道歉,请他谅解公司的制度;第三,就小店的拿货问题适度让步,允许小店继续销售,但要求撤销广告。小张最终认识到自己考虑问题的局限性,接受了陈经理的意见,向李先生电话致歉。而李先生也配合劝说下面的小店撤除了灯箱广告。

在这个案例中,陈经理并非无视公司规定,而是在顾全大局的前提下对规则进行了适度的变通,以化解危机,避免争端。

在现代职场,也需要将服从和创造完美地结合、善于变通的员工,只会被动服从的员工是不会被委以重任的,只有那些能够在执行中充分发挥主观能动性和创造性的员工才能够脱颖而出,获得认可。

要做到优秀,执行得完美,必须学会变通。生搬硬套,不懂灵活机动的员工不可能成为一个优秀的员工。

第五章　自动自发　积极主动

——优秀员工是率先主动的楷模

自动自发是一种源自内心深处的精神，一种自觉自愿的心态。有这种精神的驱动，做任何事都不需要命令、监督和催促，就会积极行动，主动去做。有自动自发精神的员工，甘心奉献，愿意付出，不计较多做一点点，更不会在意老板是在与否。优秀员工正是这样，做任何事都不用别人交待，主动找事做，而不是等事做，这让他们直接从平凡升级优秀。

1. 自动自发是优秀员工特有的标签

阿尔伯特·哈伯德说：世界上有两种人永远无法超越平庸：一种人是只做别人交待的事，另一种人是做不好别人交待的事。因为这两种人都缺乏一种主动积极、不需要人监督、不需要人推动、自动自发的精神。而这种精神恰恰是一个人超越平庸的关键。

威尔逊上大学的时候在一家著名的IT公司做兼职，由于表现出色，大学毕业后他成为该公司的一名正式员工，并担任技术支持工程师一职。工作两年后，年仅24岁的他被提拔为公司历史上最年轻的中层经理。

初进这家公司，威尔逊只是技术支持中心的一名普通工程师，但他非常想干好这份工作。当时，经理考核员工的依据是记录在公司报表系统上的"成绩单"。"成绩单"月末才能看到。于是他想：如果可以每天得到"成绩单"的报表，经理岂不是可以更好地调配和督促员工，而员工可以更快地得到促进和进步。同时，他还了解到现行的月报表系统有一些缺陷。

综合考虑了各种因素后，威尔逊觉得自己有必要设计一个有更快速反应能力的报表系统。他花了一个周末的时间写了一个具有这种基础功能的报表小程序。一个月后，威尔逊的"业余作品"——基于web内部网页上的报表开始投入使用，并取代了原来从美国照搬过来的Excel报表。通过在报表系统上出色的工作，公司总裁看到了他的一些潜质，认为他可以从更高的管理角度思考问题。一年以后，总裁亲自给了威尔逊一个重要的升迁机会，让他担任公司在整个亚洲市场的技术支持总监。

威尔逊是在没有任何人要求的情况下主动改进工作的，他的工作给公司工作效率带来巨大提升，创造了有目共睹的骄人业绩，远远超越了老板的期待。基于此,他在公司中平步青云。可见主动积极是职场上重要的一种态度和精神。

不需要人监督、不需要人命令、更不需要谁来催促,自动自发就是那些优秀而卓越的员工最醒目的标签。

事业生涯除了自己之外,没有人可以掌控,你的人生一样,除了你自己,没有人可以掌控,关键在于你自己。

南方某火锅餐饮企业进入北京之前,公司决定派一位执行董事到北京考察市场。他来到北京街头,看到川流不息的人,穿着都不太讲究,就报告说:火锅在北京有消费者,但无大利可图,因为北京气候偏干燥,火锅吃多了易上火。由于他没有主动进行相关信息的收集整理,仅凭直觉和经验作出预测,被总公司以不称职为由降职处分了。

接着公司又派了另一位执行董事前来考察。这位先生在北京的几条街道上对进出餐馆的人进行调查,发现 2/3 以上的人不是北京人,许多是来自南方的省份。并详细询问他们对火锅的味道、价格、店堂设计等方面的意见。通过一系列颇为详细的调查分析,得出结论:火锅进入北京市场是完全有市场的。果然,北京的第一家火锅店开张不到 300 天,盈利就高达 100 多万元。这位先生自然也得到了提升。

真正优秀的人总比常人多走一步,因为他们知道及格是远远不够的,机械的听命更不是优秀的表现,自动自发、积极主动地去做自己应该做的,才是真正优秀的员工所坚持的。

一个食品加工厂的配料工,长期独占“成本节约奖”,他所做的不过是每次把鸡蛋壳里的鸡蛋清倒得更干净,而其他员工是在蛋壳里还残留一点点鸡蛋清时,就把蛋壳丢进垃圾桶。“我每天要敲开成千上万只鸡蛋,如果我把每一个鸡蛋里的蛋清都倒出来,一天下来就等于节约了上百个鸡蛋。”这个工人在介绍经验时说。

有一个邮局经常接到投诉，说他们寄出的包裹封口不严，或者快件信封粘得不牢。但有一个投递员，从来没有被人投诉，观察他工作的人发现他只比别人多做了一个小动作——在封好包裹，或者粘好快件信封后，用力地将封口处压一遍，以确保封严。

造物主赋予我们每个人一种突出的才能，也许你有管理的才能、绘画的天赋、写作的悟性、思考的资质等。无论你的特色是什么，都不要把它藏起来，你应该积极地把才能发掘出来并淋漓尽致地发挥。如果你这样做了，而不是在别人的催促或是监督甚至呼喝下做的，那么，你已经踏上了通向优秀的那条大路。

2. 不管老板在不在都一样积极主动

作为一个公司员工，老板不在的时候，也是容易放松自己的时候。可是，工作应该是发自内心的，你的任何业绩都是自己努力的结果，你不能仅仅是做出样子来给老板看，老板要的实际业绩和工作效果。

工作的主动性是员工的必备素质。事实是，无论趁机偷懒还是无奈地继续自己的工作，都不是正确的做事方法。尽管后者仍然努力，但那也只是防止有人打小报告，告自己的状而已，不是自己的主动意愿，而是在一种被动的环境下的努力，所以没有激情，没有尽到心，更难以竭尽全力。显然这样的努力是没有多大的效果的。被动地工作最多能够完成老板交代的任务，然后心安理得地拿自己的薪水，对一个优秀的员工而言，这样做是远远不够的。

把工作简单地视为换取劳动报酬的想法是低级的、短视的，希望成就事业的人永远不会把眼睛仅停留在薪水上，优秀的员工之所以努力工作，并非只是为自己的饭碗与薪水，他们有更高的需求。他们把工作当作一项事业来做。所以，他们总是自动自发地工作，自觉自愿地努力，因而他们工作起来激情四射，精力十足，他们做任何工作都会竭尽全力，绝不会躲懒耍滑。他们的积极和主动发自于心，表露于外，绝不是“装样子”，“图表现”或是“假积极”，更不是老板来了就做给老板看，老板不来就自己偷懒，老板在与不在，他们都一样积极努力，因而他们总会能得到老板更多的奖赏。正因为这样，他们不仅在工作中获得更多的经验，从而也给自己带来更多的机会。

汤姆是福特汽车公司的一名装配工人，随着科技的进步和发展，他明白他这个技术工人被机器人取代是早晚的事。他想，与其坐以待毙，不如在未失业前先做点什么。

于是，汤姆便利用业余时间去学习计算机硬件维护，并将此事告诉他的主管。一年以后，他所在的部门真的被全面自动化，不再使用人力了。厂方遣散了 100 多名工人，以机器人代替。汤姆收到解雇通知后，要求与主管面谈。他告诉主管：“你可能需要一个人，让这些机器保持最佳状态。如果这个人也熟悉装配线的作业情形和应该注意的事项，可能更好。”

主管也这样认为，于是向上司推荐了汤姆。

未雨绸缪，汤姆重新拥有了自己的专长，在别人被机器人取代时，他不仅没有被取代，而且得到一份新的高薪工作，成了一名职业硬件维护工程师。

自动自发是一种对待工作的态度，也是一种对待人生的态度，只有当自律与责任成为习惯时，成功才会接踵而至。绝大多数成功的创业者并没有任何人监督其工作，他们完全依靠自律工作。试想一下，如果对自己的工作都不能全身心投入，所谓一屋不扫，何以扫天下，开创自己的事业最后只能沦为一句空话。

属于你的工作，不必老板交待，优秀的员工会积极主动地去完成自己职责内的工作，而不会在意老板是不是在，是不是被老板发现了。其实只要你是认真主动工作的员工，总会被人发现的，你的才能不会被埋没，你的功劳也不会被掩盖。

如果你想登上成功之梯的最高阶,就要永远保持主动、率先的精神去面对你的工作。即使你面对的是毫无挑战和毫无生趣的工作,如果你依然能够做到自动自发、主动工作,最后终能获得回报。

3.绝不只做老板交待的工作

"不要只做我告诉你的事,有些事情你可以自己做主。"这是公司领导对一名员工的"终极期望",也是每一名员工需要时刻牢记并努力践行的真理。

从前,有一个严厉的主人要到外国去。临行前他将仆人们叫到跟前,按着各人的才干给了他们一笔银子,一个给了5000元,一个给了2000元,一个给了1000元。随后主人便出国去了。

那个领5000元的仆人把这笔钱拿去做买卖,另外赚了5000元;那个领2000元的也照样赚了2000元。但那个领了1000元的仆人却挖了个洞,把钱藏了起来。

过了许久,主人回来了,那个领5000元的仆人带着赚来的5000元,说:"主人,您交给我5000元,请看,我又赚了5000元。"主人很高兴,让他一同坐下享乐。

那个拿2000元的仆人也同样献上赚来的钱,获得了主人的嘉许。

最后那个仆人上前说:"主人啊,我知道您是很严厉的人,我害怕把钱弄丢,于是把您交给我的1000元埋藏起来。请看,您原来的银子还在这里,分毫不少。"

主人道:"你这又笨又懒的仆人,既然知道我是严厉的人,至少应当把我的银币放到银行里,等待我回来时,可以连本带利收回来，怎可将银币埋藏起来?"

主人大怒之余，吩咐左右夺过他手中的1000元，交给那个有1万元的仆人，同时道:"凡有的，还要加给他，叫他有余;没有的，连他所有的也要夺过来。"

对于老板来说，那些能够准确掌握自己的指令，并主动加上本身的智能和才干，把指令内容做得比预期还要好的人，才是他们真正要找的人。当然，这种人的主动只是体现在老板指令的基础之上的。还多少带有被动的痕迹。在竞争激烈的现代职场，这样做已经显得不够了。真正忠诚敬业的员工是不等老板的交代，不要领导指示，便主动去做自己的事情，并且出色地完成任务。这也是员工能保持和巩固自己位置的好办法——自动自发，不要只做老板告诉你的事。

只有率先主动，才能发现问题、解决问题，而并非等老板来交代督促才做一切，这样会让你对待工作更加积极主动，也让你获得比别人更多的机会。

曾名列香港富豪榜第三位的郑裕彤集"珠宝大王"、"地产大鳄"、"酒店巨子"等头衔于一身，是香港金行龙头老大"周大福"的掌门人。

20世纪50年代，他涉足房地产，收获颇丰。他兴建、收购、管理的酒店有百余家之多，形成了一个环球酒店王国。在商界，他因敢作敢为、决策大胆，被称为"鲨胆大亨"。

1925年8月26日，郑裕彤出生于一户贫寒的家庭。为了养家糊口，小学毕业后，郑裕彤就走上了打工的道路。

1940年，15岁的郑裕彤便到父亲的朋友周至元所开的"周大福金铺"去当学徒。他从杂役干起，每日早早赶到金铺扫地、抹灰、倒痰盂、洗厕所。等杂活儿干完了，其他伙计才姗姗来迟，开铺门做生意。那时，在店里做事的伙计都希望自己将来有朝一日能出人头地，郑裕彤也不例外。但郑裕彤与一般的伙计不一样，他特别勤快也特别爱动脑筋，想事情总会比别人想得更多，什么事情到他手里总会有出乎意料的结果。他相信，只要自己肯用心，一定可以让金铺快速发展起来，从而为自己赢得更多成功的机会。

一天，周老板派郑裕彤去码头接一位香港亲戚。这时候，有一位南洋侨商上码头后向人打听上哪儿能兑换港币。郑裕彤灵机一动，就走上前说周大福金铺可以兑换，价格也最公道。随即，郑裕彤就把这位侨商带进了周大福金铺，之后又赶回码头接香港来的东家亲戚。郑裕彤的这一举动得到了周老板的肯定，周老板也慢慢地留意起这个机灵的小伙计。

还有一次，伙计们开工好一会儿了，郑裕彤才气喘吁吁地跑进来。周老板很奇怪，郑裕彤平日里比谁都早到啊，于是他把郑裕彤叫到办公室，打算问个究竟：

"你从哪里来？为什么迟到了？"

"我看人家珠宝行做生意去了。"

周老板心里暗暗吃惊，郑裕彤可着实不同于一般的埋头苦干、闷不出声的伙计啊。但是他不动声色，仍继续问：

"那你说说，你看出什么名堂没有？"

"我看别人家的生意比我们店里做得精明，只要客人一踏进店门，店里的老板、伙计总是笑脸相迎，有问必答；无论生意大小，一视同仁；即使这回生意做不成，但给人家留下了一个好印象，下回还会光顾！"

周老板听了十分高兴，他当然明白，这些都是经商的诀窍，能从一个小学徒口中说出来，就更加难能可贵了。他沉吟片刻，又问："就是这些了？""当然还有，店铺一定要选取在生意旺地，门面要装潢得新颖别致，珠宝行和金铺更要豪华气派，不能简陋。"

郑裕彤这一席话让老板对他更是刮目相看，老板认定这个小伙计将来必有前途。自那以后，周老板总是有意识地培养郑裕彤，提拔他当店里的主管，使他能施展才华，还把自己的宝贝女儿嫁给他，以便他能更踏实地替自己打理生意。

再后来，郑裕彤的机会便不请自来。1945年，周老板让郑裕彤到香港大道去开设一家分店，郑裕彤欣然接受了这个指令。

为了显示出周大福金铺的富贵气派，郑裕彤几乎跑遍了港九所有的金银珠宝行，集各家所长后，把店面装修得富丽堂皇。不久，分店的经营就上了正轨，营业额也日涨月升。后来，周老板便把经营权全权交给了郑裕彤。至此，周大福金铺实际上已经是郑裕彤独掌大旗。在郑裕彤的经营下，现在的周大福已经成为珠宝行和金铺的代名词。

不需要老板交代的人，将会获得更多奖赏。如果只有在老板注意时才有好的表现，那么你永远无法将事情做好。如果你对自己的期望比老板对你的期许更高，那么你就无须担心会失去工作。同样，如果你能达到自己设定的最高标准，那么升迁晋级也将指日可待。

4. 主动找事做，而不是等事做

当今的商业社会与以往大不相同，雇主与雇员、企业与职工的关系也发生了变化。老板不是只需要会干活的机器，员工也不是只需要能挣钱就行的岗位。激烈的竞争、紧张的节奏、众多的变数，都要求员工不能坐以待毙，要主动给自己找事做。

永远主动找事做，而非等事做，这是衡量一个员工是否优秀的重要尺度和标准，也是一个想要成事的员工必备的素质。

小李是一所理工学院大三的学生，在一家鞋企兼职，主要负责整理材料、登记文件、接听电话等工作。

刚上班的时候感觉很清闲，一般都是总监吩咐自己做什么才去做，几乎没有什么事情可做，整天在办公室里上网、聊天。看着市场部的同事忙得不可开交时，小李很想帮他们分担一些。由于时间的关系，对于办公室里的工作程序及操作流程，并不熟悉，很多东西都不会，就连发传真她都不会，更不用说其他的事。

日子长了，小李觉得这样下去，毫无收获。于是，她决定改变自己，积极主动地寻找事情做。每次上班的时候，她主动问总监，有什么事情可以帮忙的，如果总监说没有，她就会主动提出帮总监整理文件。如果有的话，她就会按照总监的吩咐，把事情做好。有时她还会主动向同事请教：如何使用传真机、如何用专门的数据库统计数据、如何在电脑上制作表格及绘图等。就这样，小李很快对公司的整体运作情况有了一定的了解，同时也学到了不少操作上的知识。

通过一段时间的经历，小李领悟到，无论做什么事情，一定要积极主动，才有机会取得成功。

优秀的员工对于上级交给的任务，会立即采取行动，而不是去讨价还价地谈条件，提一些愚蠢的问题。他们总是主动完成，而不是被动地服从。

许多企业都努力把自己的员工培养成对待工作率先主动的人。工作率先主动的员工，会勇于负责，有独立思考能力。他们不会像机器一样，别人吩咐做什么他就做什么。他们往往会发挥创意，出色地完成任务，而不能自动自发工作的员工，则墨守成规、害怕犯错，凡事只求忠诚于企业规则。他们会告诉自己，领导没有让我做的事，我又何必插手呢？又没有额外的奖励！这两种不同的想法会明显地导致不同的工作表现。

率先主动的人不仅会圆满地完成自己的任务，还会忠心耿耿地为领导考虑，给他提尽可能多的建议和信息，他们也因此会得到提升和赏识。

肖凡是市场部经理，在开拓市场方面他一直有自己独特的方式，公司的新产品因为他销售战术的独树一帜而逐一打入市场。有一次，策划部小刘开玩笑说："肖经理，你要再这么能干，干脆把我们策划部也归到你旗下得了！"大家哈哈一笑了事。说者无心，听者有意。肖凡倒不是要大包大揽，而是想到市场跟策划本身就不可分割。自己一次次的开拓市场本身也是公关策划活动，自己要是在策划这方面稍微留心，也许能在市场开拓中大有裨益呢。说干就干，他从图书馆借来相关书籍，一边看一边在现实工作中应用并寻求验证。理论与实践的结合让他更快地熟悉了这一行，而这一切他做得不动声色。

在一次新产品上市研讨会上，策划部经理和大多数人的意见相左。老板也觉得他有些偏激，没想到他竟然一气之下辞职走人。大家被晾在会议室面面相觑，老板也很生气。可是产品上市迫在眉睫，到哪里去现抓一个策划部经理呢？这时，肖凡站起来走到演示板前说："或许，我可以试试。可能我的创意不是特别好，仅供大家参考吧！"包括老板在内的所有人都愣了，你一个市场部经理怎么能这样不负责任呢？但情急之下也只能"病急乱投医"了，最后老板让他说说自己的想法。肖凡拿着笔在演示板上把自己的想法和盘托出，很快同事们就被吸引了进去，等他一句"我的意思基本就是这样"之后，大家才从演示板上回到现实中来并齐声称好。事实证明，他的创意不但得到了公司的认可，更为产品的销路打开了通道。产品发布会之后，肖凡被提升为市场策划总监。同事们都以为他是"创意偶得之"，只有他自己知道这是早有准备的结果。

这就是主动做事的员工的结果。肖凡的职场经历告诉我们，机遇只给有准备的人。不要等到机会来了才大呼"如果……"。如果每个人的假想都可以成立的话，那还有谁不成功呢？像肖凡这种自我充电就是为自己的事业铺路。

养成了主动工作,找事做而不是等事做的习惯,就掌握了个人进取的精义。那些自动自发、自觉自愿去做自己工作和事业的人,总能发掘出无穷的机会。

因为他们永远以饱满的激情、富有创造性的探索、高度的敬业精神全身心地投入到工作中。饱满向上的激情会时刻鞭策着他们向着目标而努力,而富有创造性的探索则指导着他们始终运用最佳的判断和努力,充分发挥个人的主观能动性,去积极追求、积极探索,从而超越自我、实现自我、抵达成功。

5. 主动去做别人不愿做的事

在我们的周围,有些工作是每个人都不想做的“讨厌的工作”,大家对这样的“苦差事”都持唯恐避之不及的态度。在这种情况下,如果你主动去做这些没有人愿意做的工作会如何呢?

这其实是你展露才能、勇气和责任心的大好机会。有时候,即使你有这一份心,也未必有这样的差事让你做。所以,碰到这样自我表现的机会时,绝不要有一丝一毫的勉强,要主动积极地要求去做。做好了这些事不仅能赢得同事的好感和尊敬,也能得到老板的认同和赞赏。当然,这样做需要有相应的心理准备。因为这一类的工作,大都是非常辛苦而且吃力不讨好的,即使你付出了全部的心力,也不一定能达到效果。即便如此,你还是应该勇气百倍地去做这些“苦差”,因为“苦差”也许就是“甜桃”。

事实上,这一类工作往往比那些表面看起来华丽动人的工作,更能激发人的斗志及潜藏的乐趣。能够从这样的工作中找到乐趣的人,大多是能够得到老板赏识的人。他们即使心中不满表面上也从不抱怨,仍然默默地做事,而且并不在乎别人怎么看怎么说,甚至对什么时候才能得到他人的认同,也不多说。因为他们坚信只要付出肯定会有回报,而且付出与回报是成正比的。

有一个叫小张的年轻人，因为家境贫寒，没有读过多少书。他到一家工厂做车间工人时，工友个个都比他有文化，比他显得聪明，也似乎更讨老板欢心。

然而，时间一久，情形却发生了变化。老板开始交给小张一些不属于车间工人办的事情，比如去某客户那里送交一些资料，去某个供应商那里采购一些原料等。后来，老板甚至让他管理工厂的现金。很快，小张学会了工厂经营管理的很多知识，也成了老板身边的得力助手。

有一天，老板问小张："你知道我为什么如此器重你吗？"小张摇摇头，表示不知道。

老板说："虽然你没有太多的文化，表面上也不是很聪明，但我发现你做任何事总能做到最好。你还在车间时，虽然没人天天督促你，你却总是认真负责，精益求精，你加工的产品合格率远远超出了我的期望值。后来，我让你办的其他事情，不论多脏多累，你都毫无怨言，都能认真负责去完成，做的也比其他人都要好得多。特别是那些别人都不愿做的事情，每次交给你也都能圆满地做好，这一点是我最欣赏的。"

其实苦差也是机会，如果你也和大家一样唯恐吃亏而不愿去干，那就等于是把自己的机会向外推。我们来听听一位大学生的亲身经历：

我原以为凭着本科文凭且在国内多家报刊发表了不少文章，找份工作是易如反掌的事。没想到，在人才市场东奔西走快两个月，身上的钱花光了，工作还是没有着落。

就在这时，一位朋友告诉我，他们公司正在招人，叫我不妨直接去找总经理试一试。拨通总经理手机，简单将自己大概情况及求职要求说了一遍，总经理很爽快，说："你的条件还可以，过来面谈吧。"

接待我的是人事部经理，他开门见山地告诉我，说总经理已打招呼了，会录用我。我一下心花怒放，暗自庆幸自己遇上了贵人。人事部经理领我到一间低矮的棚屋里。屋里很乱，一部破碎机、一大堆废品，工具与垃圾搅在一起。经理说："你的工作就是把这些废品破碎了。"

权衡再三，我决定干这活。这活又脏又累，破碎机震天响，震得耳膜痛，而且，灰尘飞扬，让人睁不开眼睛，就算严严实实捂着口罩，也还有不少灰尘钻进嘴里。每上完一轮班，全身脏得像只灰老鼠。

我想既然干了这活，总也要干得差不多，要对得起工钱。所以上班我一心一意干活，下班将垃圾灰尘清理干净，耐心地将工具放好，几天后，我还别出心裁地搞了记录。再做了几天，我又想出小窍门，不但省力气，还提高了工作效率，破碎数量和质量显著提高。

这样干了10多天，总经理找我谈话。意外的是，总经理让我去写字楼做人事部副经理。总经理还叮嘱我，要尽快熟悉业务，挤时间到车间去学习工艺流程。

这喜讯来得太突兀了，我竟有些手足无措。这时人事部经理走过来告诉我，总经理之所以提升我，不是因为我会写文章，也不是因为我有本科文凭，而是因为我能将别人不愿做的事做好。

一个人能将别人不愿做的事做好，那么愿做的事就肯定能做得更好！

当然，人生中谁也难免会碰到徒劳无功的情形。但是，塞翁失马，焉知非福。人生路途是很漫长的，从眼前来看或许所有的努力都是徒劳无功的，甚至是"瞎忙活"，但日后说不定就会有意外的收获。相反的，眼前看起来很光艳耀眼的事，或许很快就褪色，变成了食之无味、弃之可惜的"鸡肋"。所以说，如果你认为做别人不愿做的事就会吃亏，因而与其他人一样地排斥这个工作，那你就和其他人一样，永远也不可能脱颖而出。

子敏大学毕业后，几经周折才进了一家公司。刚进公司时，她的能力并不出类拔萃，但之后短短两年的时间里，在每一个部门都做得有声有色，每一次调动都令人刮目相看。

进这家大公司的时候，子敏先被分到人事部，做一个并不起眼的文员。那个部门，能言善道、八面玲珑的女孩子和深谙权术、势利平庸的男人有很多，她只是恪尽职守。比如，有别人不愿意做的事情，她主动去做，别人抱怨工作百无聊赖，老板苛刻，地铁太挤时，她在熟悉公司的部门、产品以及主要客户的情况。

有一次营销部经理偶尔经过子敏的办公室，看到她做事情时表现出的认真得体和分寸感，就打报告要求她去顶他们部门的一个空缺。

营销部令她的世界骤然广阔起来。同原来一样，她总是主动去做那些公司需要做的事，在别人嘲笑这个年轻姑娘“傻气”的时候，她已经做出了几份扎实的调查分析报告。一年后，她已经是营销部公认的举足轻重的人物了，名声还传到老板的耳朵里。公司有什么重要的活动和业务洽谈，老板在带上营销部经理的同时，还会带上子敏。

一年后，当营销部经理被提升为公司副总的时候，子敏顺利地得到了营销部经理的职位。

别人不愿做的事并非就是坏事。如果你能够主动去做这样的事，并能够从中体会到无穷的乐趣，你就能够克服艰苦，达到他人所无法达到的境界，获得他人所永远得不到的丰厚回报。

6. 随时“补位”，积极去做任何需要做的事

每个公司都会出现一些无人负责的事情，这时就需要员工有一种补位意识，特别是在责任出现交叉的时候，更要以公司利益为重，从维护公

司利益出发，从拓展公司业务出发，把相关工作做好。多做一些事情，做的事情越多，你的地位越重要，掌握的个人资源和工作资源也就越多，情形对自己就越有利。

补位，原来是来自足球比赛的一个术语，是足球比赛中队员之间的一种配合方法，即当同队队员离开了原定分工的位置，其他球员应快速填补因该队员离开而暴露出来的空位。如果不及时补位，则会导致阵线太乱，被对手攻破。所以，要赢得比赛，补位意识十分重要。工作也是一样，也需要员工有补位意识，及时查漏补缺，不让工作有缺位发生。

当今的市场竞争十分激烈，企业即使分工十分明确，也可能会有一些出乎意料之外的情况发生，出现一些无人负责的工作。以什么样的态度对待这些工作，可以判断出员工的主人翁精神和责任感如何。有的员工认为这些事和自己的职责无关，即使是一件随手可以做好的小事也不屑为之。而有的员工则能够把这些事看作是锻炼自己的机会，主动去做，并且能够脚踏实地做好。最终，前者仍然平庸，而后者却早已赢得成功的机会，成为公司的业务骨干。

两年前大学毕业的刘欣，到一家公司做起了文员，主要负责一些文案撰写、文字材料整理的工作。然而，在办公室久了，她也开始感到厌倦，想尝试做一些更具有挑战性的工作，可向领导们要求了几次调岗位也未能如愿。就在前不久，刘欣终于等到了机会。公司一位市场代表王哥正好休20天的年假，于是刘欣主动要求自己去当“替补”。

为了抓住这次“转型成功”的机会，刘欣可谓煞费苦心，整日起早贪黑，不论是跑客户还是组织活动，刘欣都积极主动地去完成。凭借自己的努力以及开朗大方、细致周全的性格，20多天来，她顺利完成了业务推广、活动策划以及广告宣传的任务。让老板感到特别满意的是，刘欣竟然通过自己的真诚和交际技巧，改善了公司与一家客户的“冷战”关系。

通过这次的“替补”，刘欣的交际能力、组织能力、策划能力终于得到了领导和同事们的认可和赏识。如今，虽然单位上的王哥已经返回工作岗位，可老板却没有让小刘继续以前的文字工作，而是让她也如愿以偿地成为了一名市场代表。如今，刘欣的工作业绩越来越好，公司里甚至已经悄悄传出消息，小刘很可能会被提拔为市场部经理呢！

优秀的员工不但做好自己的本职工作，还善于“查漏补缺”，做任何需要做的事情，采取有效的手段及时处理工作中出现的种种问题，不仅把工作做到位，在不越位的情况下随时准备补位。这样才能赢得更多的机会。

7. 比老板更积极主动

优秀的员工永远保持主动，不等老板交待，便去主动做自己应该做的事，有时甚至比老板更积极主动。因而他们总是那些容易成功的人。

有一个女孩，是一名企业培训师的助手，这个女孩长相平常，专业普通。虽然她的主要工作就是帮助讲师查找资料，做一些演讲准备等。但她并没有像其他秘书那样把自己局限于一个平庸的助手，而是主动替讲师解决问题。

女孩查找资料非常详尽、认真。有时为了找到一份最合适的案例，她会一连跑好几个图书馆。每次她都会找出很多资料。面对这些资料，她想：“讲师工作那么忙，根本没有时间自己整理。怎么办?”于是，她主动将资料编号、整理，并写出针对性的提纲，然后交给讲师。同时还主动把梗概和资料里精彩的故事、案例提炼出来，讲给讲师听。

讲师在听她讲故事的时候，发现她每次都讲得很生动。于是，再培训的时候，讲师就带上她并大胆地让她站到讲台上给学员讲故事，面对台下坐着的老总、经理，她依旧表现得很大方、自信，讲得一样精彩。三个月后，她成为助理讲师。

很显然，这位女孩之所以能在短时间内晋升，关键就在于她这种积极的工作态度和永远超出老板期望的主动精神。实际上，也只有那些从来不会被动地等待老板下达命令，不管任何时候都积极主动去做自己应做的事、甚至超出自己工作、比老板更积极主动地去完善工作、解决问题的员工，才更容易得到老板的认可，受到老板的重用。

事实上，凡是老板都很忙，每天都有许多事，也许在下达任务时考虑的并不周到。优秀的员工就会主动积极地把自己应当做的全部做好，不必什么事都要等老板来催。他们总会超出老板的期望，千方百计为老板排忧解难。当老板被公司事务缠得焦头烂额的时候，作为他的下属，应该想想“我能为老板做些什么”，为其分忧解难。特别是老板在工作中“触礁”，迫切需要帮助的时候，优秀的员工像江湖豪杰那样主动站出来，挺身而出，施以援手，帮老板出谋划策，共同渡过难关，而不像平庸者那样袖手旁观。当产品出现积压，打不开销路时，利用自己的社会关系，联系销售渠道；当老板需要某一方面的人才时，帮助物色、推荐；利用自己的专业特长，为老板决策打开思路，提供方法；主动承担一部分工作，让老板处理特殊事件等。

某公司业务部副经理小高发现自己的老板这几天满面愁容，无精打采，本来很开朗的一个人，现在变得意志消沉了。原来很快就能处理完的公事，现在到下班时还要剩下很多，一连几天，都是如此，公司工作目标也没能按时完成，客户对公司的表现已露出明显的不满。

小高看到这些，真是忧心如焚。对老板的表现，小高感到不可理解。他既不想看到公司遭受损失，也不愿看到本来很有才能的老板就这样失败。于是，他从侧面了解了一下情况。原来，老板的妻子得了重病，住进了医院，他白天上班，晚上去陪伴妻子。由于休息不好，再加上时刻担心着病人，因而连日来已经是筋疲力尽，心力交瘁，白天上班自然没有精神，工作效率也明显降低了。

了解到这些情况，小高对老板的遭遇深表同情，他找机会与老板谈话，请求暂且将老板的一部分工作交给他去做，好使老板能够腾出更多时间照顾病人。

接手工作后，小高一丝不苟，力求将每一项工作都做得圆满，遇到不明白或不熟悉的问题，他主动向老板或同事们请教。在他的努力下，公司的工作有了明显的起色，客户满意了，老板也露出了满意的微笑，小高本人也在工作中得到了更多的锻炼。

后来，老板的妻子病愈出院，老板又开始安心工作了。每每谈起这一段经历，老板总是很感激地对小高说："那时多亏有你鼎力相助，不然的话，公司遭受损失将不可估量。"

通过这件事，小高得到了公司上下的尊敬和赞誉，更是成了老板的好"搭档"，生活中的"密友"。是啊，像这样能在关键时刻主动替老板分忧，顾全大局的员工有哪个老板会不喜欢呢？

比尔·盖茨说："一个优秀的员工，应该是一个积极主动去做事，积极主动去提高自身技能的人。这样的员工，不必依靠管理手段去触发他的主观能动性。"在微软，任何一个具有专业技能、有竞争力的员工都必须充分发挥自己的最大主动性。因为微软需要那种采取直接的、重要的行动为公司获得收益和取得市场成功的优秀员工。其他企业又何尝不是？

在海尔，有个叫王琳的女孩，她一开始只是空调事业部一名普通的质检员。以前在检验空调的时候，因为冷凝器上有油脂，在大批量检验完后，水便会混浊，一天要换好几次水，每次用掉近10吨水，很是浪费。

如果一般人遇到这种情况，不是敷衍了事，就是将问题向上级反映。细心的王琳发现了这个问题，但她并没有简单地上报给主管领导，而是动起了脑筋，开始想怎么能够解决这个问题。

后来，王琳想出了一个可以节约用水的好办法：根据不同大小的机型，水位不必都一样高，有的可以调低，这样就会节约很多水。

经过实验以后，这个方法果然可行！她的合理化建议一经上报就立刻通过了，并且还大力表彰了她。

事后，王琳说："当时没想别的，一心就想解决问题，就想为企业做点事情。"

比老板更积极主动的员工当然会得到老板的欣赏和青睐。如果员工都能像王琳这样不仅善于发现问题，而且自己还能提出解决方案，比老板更积极主动地为企业着想，企业也一定可以兴旺繁荣。

主动性是最能体现是优秀员工还是普通员工差异的地方，积极主动的员工，能把任何事都做得圆圆满满，因而他们永远是老板所器重的员工。

第六章　激荡脑力　挥洒智慧

——优秀员工带着思想去工作

优秀的员工绝不会是那些“机器人”或是“木头人”型的员工，就算他们怎么勤奋、努力、肯干也不行。他们只是机械地听命，死板地执行，却从来不会动脑、用心，所以他们注定与优秀无缘。而优秀的员工不仅勤于动手，更善于用脑，激荡脑力，挥洒智慧，把自己的思想、智慧和见地融入自己的工作，他们的工作总是有点子、有方法，有创新、有突破，因而他们总是能比别人表现得更加卓越和优秀。

1. 带着思想去工作

优秀的员工不会只当老板的“应声虫”,老板说什么就随声附和什么,不管是对或是错都只会点头。优秀的员工会带着思想,边思考边工作。

在职场,我们常常看到这样一种员工:表达意见的唯一根据就是自己第一时间的判断和感受,是自己独立而有个性的思想。不管什么问题他们都会提出独特的见解来。而另一种员工呢,他们的意见总是跟着大家走,和大家一样,或者是永远和老板一样。当问到他们时,他们总会说“我没有什么意见”永远是这样的一句话,永远没有自己独立的思想,就像一个不会思考的木头人一样。

还有一种员工更绝,他们有头脑,会思考,但却永远不会提出任何与老板或上级意见相反的意见,永远是上级或老板的“应声虫”。他们深谙职场逢迎之道,懂得如何哄上司高兴,但却完全失去了自我。当然,对工作,他们也绝不会有任何建设性的意见,只有附和老板时,他们才愿意开口。

现实中有人深谙此道。同事们提议去川菜馆聚餐,上司刚问了句“很辣吧”,就有人“识时务”地跳出来高声反对:我最近胃不舒服,咱们吃点清淡的吧。

你不得不感叹他的精明——从不率先表态,而是等主流意见出来之后,再见机行事。只是,连吃个饭这样的小事都要随声附和,也未免有点儿太没有自我了。

在员工和老板的关系中,员工个人的独立判断往往会屈从于老板——老板的意见永远正确,老板觉得好才是真的好,老板或是领导的价值观决定着团队中每一个人的好恶。这本来无可厚非,服从老板、服从企业是员工的天职。但服从不是盲从,也不是机械地服从,而是要融入自己的思想才行,发挥自己的主观能动性,贡献体力的同时还贡献脑力,才能真正把工作做得完美。所以,不去思考和随声附和的员工都不可能成为优秀员工。只有那些勤于思考、善于思考、性格独立,又为企业着想的员工,才是真正优秀的员工。

优秀的员工思想独立、个性鲜明,服从领导,但他们在任何时候都保有自己独特的见解,有自己的判断,会提出自己的意见,他们并不强辩、不刻薄。他们带着自己的思想工作,不是机械地听命或是被动地服从,他们会用脑子工作,会手脑并用,边做边想、边想边做,不管什么样的难题都可以找到解决的方法,而且还会找到最好的解决方法,这样当然能把事情做好,而且能把事情做到最好。

有位推销员在谈到推销豆子时充满自信。他说:如果豆子的销量很好,直接赚钱好了。如果豆子滞销,分三种办法处理:

1. 把豆子制成豆瓣酱,如果豆瓣酱卖不动,腌了,卖豆豉;如果豆豉还卖不动,加水发酵,改卖酱油。

2. 让豆子做成豆腐,卖豆腐。如果豆腐不小心做硬了,改卖豆腐干;如果豆腐不小心做稀了,改卖豆花;如果实在太稀了,改卖豆浆;如果豆腐卖不动,放几天,改卖臭豆腐;如果还卖不动,让它长毛彻底腐烂后,改卖腐乳。

3. 让豆子发芽,改卖豆芽;如果豆芽还滞销,再让它长久点,改卖豆苗;如果豆苗还卖不动,再让它长大点,干脆当盆栽卖,命名为“豆蔻年华”。到城市的各大中小学门口摆摊和到白领公寓区开产品发布会,记住这次卖的是文化而非食品;如果还卖不动,赶紧找块地,把豆苗种下去,灌溉施肥,3个月后,收成豆子,再拿去卖。

按照这位推销员的想法,做豆子生意是永远也不会亏本的,不管出现什么样的困难,他都已经想好了应对的方法,有这样的员工,企业何愁不壮大!自己又何愁没前途?

但实际上,企业中像这样敢于思考而且善于思考的员工并不多。很多员工都抱着一种机械听命、然后完成任务的态度，得过且过，根本不用脑子，不去思考，所以工作也永远没有改进，没有起色，自己也永远只是普通的一员，难以有所成就。我们常常看到这样一个情况：很多员工早上到了公司就开始埋头苦干，直到下班，别人休息的时候他也还在工作。按照常理，这类员工的业绩肯定差不了，但事实是他们的业绩往往却并不理想。为什么？因为他们不懂得思考，不懂得找到解决问题的巧妙途径，也就不可能成为职场的红人。

如何才能成为职场上的红人，成为企业最优秀的员工呢？美国有位教授用了10年时间终于找出了答案。教授对世界500强企业和各政府机构进行调查研究，结果发现所谓的职场红人不一定有高人一筹的智商、超越常人的交际能力，也不一定有卓越的领导力，他们之所以成为职场红人，靠的是善于找方法的思考能力，他们懂得运用自身拥有的一切资源，从而找对方法做对事。只要我们在工作中主动运用我们的大脑，带着思想工作，好点子就会如泉水般涌出，我们也会在职场中找到属于自己的最佳坐标。

认真做事只能把事情做对，用心思考做事才能把事情做得更好。用心工作，带着思想工作，全身心地投入到工作中，多动脑筋，多想办法，不附和不盲从，诚实而正直，这就是优秀员工为我们作出的榜样。

2. 开动脑筋，把智慧融入工作

努力只能做到合格，用心才能做到优秀。光低头拉车不行，还要记得抬头看路，这样才能既不会偏离大路，又保证前进的速度。埋头工作的同时还需要加入思想、融入智慧，才能真正把事情做好，真正让自己优秀起来。

工作中总是会遇到许多困难，许多看似无法越过的障碍。但是，只要我们善于用脑，勤于思考，一样可以找到很好的解决方法，把事情办得圆满而周到。因为方法对了,就能事半功倍,而方法不对,却可能是事倍功半。

有一次,小李与小王一起吃饭。一上饭桌小王就向小李抱怨起吃饭之前刚刚遇到的一件事。

那会儿,他正在办公室里忙碌,一个年轻人走进来,向他推销一种健身类的服务。

"先生,不好意思,打扰一下,这里有一种健身类的优惠活动,您想不想参加?"

"健身?我现在只喜欢到公园里散步或者打球,要参加这样的活动至少要等到50岁以后。"他答道。

如果这时候,那名推销员意识到自己找错了对象就此离开,那也就罢了。然而在此后的10分钟里,他还是不厌其烦地向小王介绍他们健身房的设施如何先进,以及健身的各种好处。

"我数次拿出手表看,非常烦躁地在椅子旁边转了几圈,不断地整理着桌子上的文件,向这个推销员做出各种让他离开的暗示,但他仍在试图推销他的健身服务。他唯一可取的一点就是锲而不舍。"

最后,小王不得不下了逐客令,请他离开。那位推销员不但没有说服小王,还留下了一个非常不好的印象。

"我已经吩咐过秘书,下次这个推销员再来,一定要挡驾。"即使这样,小李也看得出来小王余气未消。这并不是因为小王气量太小,而是因为那位推销员没有找到合适的时机和对象。

推销一些别人根本就不需要的东西,其实就是在浪费时间。虽然为了工作,他可谓是锲而不舍,但这只是一种不合时宜的锲而不舍。对此,没有什么值得赞赏的。从某种意义上说,这是一种愚蠢!

正如著名的推销大师奥里森·马登所言:"策略是成功的助推器,一个人如果要想赢得友谊和获得业务,策略的作用是无法估量的。优秀的商人往往把策略看成他成功诀窍中最重要的一个，其他三个是：热情、关于商品的知识和装饰。”

在工作中，确实需要勤奋努力，但仅凭这些还是不够的。我们还要学会思考，学会想办法，学会用策略找到解决问题的实质。一个善于找到方法的员工、一个解决问题的高手，当然是最优秀的，也是老板最欣赏的。

有一天下班回家，原一平乘坐出租车，在一个路口遇到红灯停下来，跟在后面的一辆黑色轿车也与他坐的车并排停下。原一平从窗口望去，那辆豪华轿车的后座上坐着一位头发斑白但颇有气质的绅士正闭目养神。

就在那一瞬间，他意识到：自己的机会来了。他迅速记下了那辆车的车牌号。回到家，他打电话到交通监理局查询那辆车的主人，原来那辆车竟是T公司董事长L先生的座驾！

接下来，原一平就围绕L先生展开了全面调查。随着调查的深入，他了解到L先生是某县人，于是他又向某县的同乡会了解到L先生为人豪爽，是个热心肠。

最终，原一平掌握了L先生的一切情况，包括学历、出生地、家庭成员、个人兴趣、公司规模、经营状况，以及他住宅附近的情况。接着，他开始追踪L董事长本人。

通过之前的了解，原一平早已掌握L先生的下班时间。因此，他选定一天，在T公司的大门口前等候。

公司下班的时间到了，员工们陆续走出大门。原一平注意到每一个员工都着装整齐、精神抖擞，愉快地在门口挥手道别。这家公司的规模看来不大，但是纪律严明，上下充满着朝气与活力。

半小时后，一辆黑色轿车缓缓驶到了T公司大门口。原一平定睛一看车牌号码——正是L先生的座驾。他突然紧张起来。很快就看清了，车里坐着的正是L先生。尽管只见过他一次，但经过先前的一番调查，原一平对L先生已经非常熟悉，所以一眼就认出来了。

说时迟，那时快。原一平迅速走到车前，假装问路的样子，向车里摆了摆手。果然不出他所料，车子停了下来。

“您好，请问贵公司董事长L先生在吗？我有重要的事情要拜访他。”

“哦！我就是，您是？”L先生一怔，马上从车上下来。

“我是明治保险公司的原一平，是您的同乡会会长K先生特意向我推荐您的，他认为您非常有必要了解一下我们公司的服务。”原一平边说边把K先生的名片递了上去。

L董事长当即表示自己现在没有时间，但非常欢迎原一平第二天晚上到家里做客。于是，原一平得到了一个与他长谈的机会。在攀谈中，L董事长十分惊讶于原一平对自己的了解，而且表现出了对保险的兴趣。

接下来的事情自然是水到渠成了。经过原一平的一番介绍，L先生愉快地在一份保单上签了字。后来，他们竟成了很好的朋友。

在日本，原一平被誉为“推销之神”。他曾经不止一次地告诫人们：“掌握正确的技巧，才是推销顺利的保证。如果你不会利用或者利用不当，那你的损失就可想而知了。”

可见策略是多么的重要，比勤奋努力，比锲而不舍更有效。所以，我们必须培养一种有策略的工作方式。因为策略是结果的前提，在得到工作的结果之前，我们的任何失误都可能永远地使结果大门关闭。一个办事不讲究策略不融入智慧的员工，很难成为出色的员工，更不可能成为优秀的员工。

在工作中勤于思考，运用智慧，我们就可以学会如何恰当地在鱼钩上装上鱼饵，否则的话，就很难钓到自己想要的那条鱼。当然，我们的策略绝不是进攻性的，更不是不择手段，它充满着本真与善良、诚实与热情，它更像一种巧妙的安慰，可以减少人们的怀疑，使人更加平和、更容易接受。

在工作中，没有办不成的事，只有不会办事的人！一个会办事的员工，总能运用恰当的策略和方法，轻松自如地驾驭复杂的局面，从而用最小的成本，把不可能的事变为可能，为公司创造出更多的业绩，他们是当之无愧最优秀的员工！

带着思想去工作，在工作中融入智慧、找到最恰当的策略，就可以帮助我们通过哨卡、大门和护栏，进入戒备森严的私人处所；还可以帮助我们绕过所有心灵的障碍，进入人们的内心深处。所有这些，都是不懂策略的人永远无法办到的。这就是开动脑筋，把智慧融入工作后结出的硕果。

3. 转换思维，找到解决问题的第三条路

工作中有许多问题，如果我们总是按照以往的思维习惯去做，往往很容易把自己局限在一个固定的框架之内。无论我们怎么努力，结果都是处处碰壁。

这时候，那些爱思考的员工，总能够率先突破原有的思维模式，从另一个角度找到第三条路，带领大家走出困境。

在一个古老的部落里，长久以来有个习惯：为了调节气氛，每天晚饭后，部落长老都要给族人出一道游戏题。

一天晚上，长老出了一道题，把所有的人都难住了。这道题是这样的：

“如果把你关在一间没有窗户、四周坚固的房子里，再把门锁好，不给你饭吃，不给你水喝，你如何从房子里走出来？”

所有的族人绞尽脑汁想了一个晚上，还是没有想出合适的办法。眼看着今天晚上大伙就要不欢而散了，这时一个7岁的小孩子轻松地说出了答案：“我不玩了！”

突破，有时就这么简单。只要你爱思考，总会找到解决问题的方法。有时候我们也会碰到难以马上解决的问题，甚至是超难的问题让我们一直用围着问题徘徊转圈，却就是找不到出口，这时不妨换个思路，也许问题就迎刃而解了。

20世纪80年代，可口可乐与百事可乐的竞争达到了白热化。在全球范围内，可口可乐的市场正被百事可乐一步步蚕食。如何收复失地成了新上任的可口可乐CEO古兹维塔的最重要的任务。

为了从百事可乐的手中抢夺市场，可口可乐的战略研究部门，提出了各种各样的方案。但却一直没有一个最好的方法，可以一举打败的事，重振可口可乐之威。当大家都将注意力聚焦在与百事可乐抢夺市场上时，古兹维塔突然提出了这样一个问题：

“美国人平均一天消耗多少液体饮料？”

“14盎司。”他的下属答道。

“那么可口可乐占其中多少？”古兹维塔继续问。

“2盎司。”

“好吧，我们就让可口可乐成为饮料市场的消费主流，挤占市场上那12盎司的水、咖啡、牛奶等，而不只是和百事可乐在几盎司的可乐市场上血拼。我们的目标是：当人们想要喝些什么的时候，首先想到的是可口可乐。”

根据这个思路，可口可乐迅速调整战略，很快就把百事可乐甩在了身后。

与其被问题牵着鼻子走，还不如换个思路解决问题。这就需要我们从多层面来考虑问题。

转换思维，也许就能找到解决问题的第三条路。

众所周知，不干胶是3M公司发明的，但他们的最初目的却是要制造一种强力胶。然而,实验的结果却让他们一次次失望。因为这种胶粘上之后,只要一用力就会掉下来,为此大家都感到十分郁闷。

不料,这件事被 3M 公司的一位员工得知了。他立刻大声叫好,因为他正在寻找一种胶,用来做即时贴。这种胶在门上贴条,如果这个条粘上去很容易撕下来不是很好吗?就这样,不干胶成了有史以来最伟大的发明之一。

思路一转换,废品变成宝。可见转换思维方式对于解决问题确实有不同凡响的作用。

工作中我们总会遇到各种各样的问题,有的很复杂,有的很简单,有的则似乎走进了死胡同,看似毫无办法,但如果我们转换思路,换一种方式来想来做,就会豁然开朗。

爱因斯坦曾说过"发现问题比解决问题更重要"的话,一直被人们奉为经典。就像思想总是先于行动一样,只有发现问题才能解决问题,不管思路怎么转换,总要围绕问题转换才有意义,总要解决问题才是目的。所以,要善于发现问题。

那么怎样才能发现问题呢?

在职场上,做一个发现问题的高手,最需要的是细心。在这方面,中医的"望、闻、问、切"之道,对我们锻炼发现问题的能力有着重要的启迪意义。

望:在职场上,员工尤应发挥自己双眼的"望"功,像老鹰那样善于从高空中、遥远处发现问题点、症结点之所在,洞察一切然后再作出科学明智的举措和决策。也就是说"善望才能善断"。"望"之艺术性,不仅在于"知望",重要的是"善望"、"会望",做到望大亦望小、望远亦望近、望高亦望低、望细亦望粗。

闻:要随时听,不断听,兼听,专心听,追着听,从不同角度来听。一般来说,在职场上员工要善于聆听,上帝之所以给我们两只耳朵一张嘴巴,就是要让我们多听少说。“听”的过程实际上是捕捉和处理信息的过程，这些信息是捕捉问题的突破口，也是将来解决问题的依据。

问：一个企业或部门，在一定时期内，必然要连续不断地遇到各种问题，除了要靠“医生”本身去“望”、“闻”发现问题外，还要主动地询问，以得到更多的潜在信息，但是如果不“问”或不讲究“问”的方式，那么潜伏性强的问题就不容易暴露出来，最终会造成不良后果。所以，着力于解决问题的员工往往是“问题员工”，他们习惯于从细微处发现奥秘，并尽可能地加以询问，以利于了解更多的信息。

切：员工身体力行，向基层工作执行者、高层管理者提问，并且查看现场，进行试验等。还可应用一些科学的统计工具（例如调查表法、KJ 法等）以问卷调查、民意测验等方式来收集数据和情况，对调查收集的数据、资料和情况进行深入细致的分析。

通过将中医上的望、闻、问、切引入到平日的工作当中，从而得知自己所从事的工作或所服务的企业得了什么“病”，进而为不同的问题开出不同的“诊断书”，从而拿出有针对性的“良药”一针见血地将良方直达病灶。这样，就能解决问题了。

发现问题不是目的，解决问题才是。所以，仅仅发现问题是不够的，关键还在于解决问题，而解决问题的关键又在于找到问题的实质和关键点。

有这样一则寓言故事：

有一天，动物园管理员们发现袋鼠从笼子里跑出来了，于是开会讨论，大家一致认为是笼子的高度过低。所以他们决定将笼子的高度由原来的 10 公尺加高到 20 公尺。结果第二天他们发现袋鼠还是跑到外面来，所以他们又决定再将高度加高到 30 公尺。没想到隔天居然又看到袋鼠全跑到外面，这令管理员们大为惊讶，决定一不做二不休，将笼子的高度加高到 100 公尺。

一天，长颈鹿和几只袋鼠们在闲聊，“你们看，这些人会不会再继续加高你们的笼子?”长颈鹿问。

“很难说。”袋鼠说,“如果他们再继续忘记关门的话。”

其实很多时候我们就像上述案例中动物园的管理员们一样,只知道光看着问题,却分析不透问题的核心和根基,急得团团转,劳民伤财,可是问题始终得不到解决。

所以我们应该学会用正确的思路去分析问题:首先,我们要把事情摸清楚;其次,我们要弄清楚问题到底是什么,它出在什么地方;再次,要正确地界定解决问题的关键点。只有正确地界定了解决问题的关键点,才能找到最佳的解决方案。

在很长的一段时期内,美国加利福尼亚州曾因为许多工厂排放污水,致使州内多条河流污染严重。

为了制止企业的这些行为,当局采取了罚款、整改等不少措施,都不能从根本上解决问题。污水乱排的现象仍然屡禁不止,甚至还有愈演愈烈的势头。怎样才能让工厂既能继续生产又不至于污染河流呢?有关部门为此费尽心力。

后来,这个难题被一个年轻的议员轻松解决了。他提出了一个设想,那就是立一项法律——所有工厂的水源输入口必须建立在它自身污水输出口的下游。

这无疑是个匪夷所思的设想,然而事实证明,这个方法确实有效地促使工厂自律。假如那些企业排出的是污水,输入的也将是污水,问题便迎刃而解了。

有句话叫做“牵一发而动全身”。任何问题都有一个关键点,这个点就是一切矛盾的汇集点。只有解决了这个点的问题,才能掌握主动。

众所周知,林肯在担任美国总统之前,曾经是一名著名的律师。对于律师工作,他曾经说过:“在一场官司的辩论过程中,如果第七点议题是关键所在,我宁愿让对方在前六点占上风,而我在最后的第七点获胜。这一点正是我经常打赢官司的主要原因。”

在震惊一时的“罗克岛铁路审判案”中，林肯便将这一招运用得恰到好处。审判的最后一天，对方律师花了整整两个小时来总结此案。林肯原本可以针对他所提出的论点加以驳斥，但他并没这样做，而是将论点集中在最关键的问题上。结果，他只花了不到2分钟的时间，就轻松击败了对手，赢得了官司。

由此可见，抓住关键点对于我们迅速打开局面、解决问题何等重要！那些优秀的员工，之所以能在相同条件下，工作效能却更高、业绩更突出，其根本原因正在于，他们更善于发现问题关键点！

正确的解决问题是建立在发现问题症结的基础上，再用正确的思维，找到正确的方法才能真正解决问题。如果你觉得问题复杂，或是思路阻滞，换一种思路试试。思路一换天地宽，换思路，找对路，问题便会迎刃而解。

4. 勤于思考，积极想办法就会有办法

有一句话讲得好：“发动机只有发动起来才会产生动力。”同样，想办法才会有办法！如果停止思考，即使天才遇到问题时也会一筹莫展。

工作不在于你怎么做，而在于你想怎么做。不管任务多么艰难，一个主动想办法的人，总是能找到完成工作的最好办法。

在一次行军途中，拿破仑带领部队和一位工程师先到前面探路。他们来到了一条河边，河上没有桥，但部队又必须迅速通过。

拿破仑就问工程师：“告诉我，河有多宽？”

“对不起，阁下。”工程师回答道，“我的测量仪器都落在后面的部队里，他们离我们还有10英里远。”

“我要你马上量出来。”

“这做不到，阁下。”

“我命令你马上给我量出河宽，不然我将处罚你！”

工程师没办法，只好绞尽脑汁地想办法。不过还真的让他想到了一个办法：他脱下钢盔，让帽檐和他的眼睛、还有河对岸的一点刚好在一条直线上。然后，他小心地保持身体的直立，不断地向后退，等到眼睛、帽檐和这边河岩的相应一点刚好在一条直线上时，他就停了下来。他把自己所处的位置标好，接着，用脚量出前后两点的距离。然后，他对拿破仑说：“这就是河流大概的宽度。”拿破仑大为高兴，马上就提升了他的职务。

现代心理学的研究表明，在困难面前积极想办法的态度会激发人们的潜在智慧。所以，那些成功的人士在遇到困难的时候，都会相信天无绝人之路，而无路可走的人总是那些不下工夫找出路的人。

“确实是没办法！

“真的是一点办法也没有！”

这样的话，你肯定是非常熟悉，在你的周围，你也肯定会经常听到这样的声音。

实际上，如果当你向别人提出某种要求时，要是别人也这样回答，你肯定会觉得非常失望！

同样，如果你的上级给你下达某个任务，或者你的同事、顾客向你提出某个要求时，你这样回答，你同样能够体会到别人对你的失望之情！

一句“没办法”，也许是我们能找到的不做的最好理由；然而也正是一句“没办法”，让我们浇灭了很多创造的火花，从而阻碍了我们前进的步伐！

是真的没办法吗？还是我们根本没有去好好地动脑筋想办法呢？

美国一家钢铁公司的董事长是个非常爱想办法的人。

在他的公司旗下，有一家工厂的工人总是完不成定额，为此他撤换了好几任厂长，却总是无法奏效。于是，他就决定亲自处理这件事。

一天，这位董事长来到工厂厂长的办公室，责问道：“事情到底是怎么回事？那个目标并不难完成啊？”

“我也不知道是怎么回事。”厂长为难地说，“我向那些人说尽好话，但就是不管用。

“我甚于还威胁他们，如果完不成就开除他们，可是却没有一点效果，还是完不成定额。”

“那请你领我到厂里去看看吧。”董事长说。

当他们来到工人作业的地方时，正值白班的工人刚好要下班，夜班工人即将来接班。他就问一个白班的工人：“请问你们今天一共炼了几炉钢？”

“一共6炉。”工人回答。

听完后，这位明智的董事长就拿起一支粉笔，在一块小黑板上写了一个大大的阿拉伯数字“6”，然后就一声不吭地离开了。

夜班工作上班了，当他们看到黑板上有一个“6”字时，都十分好奇，忙问白班的工人那是什么意思。

“董事长今天到这里来了，”那位上白班的工人说，“他问我们今天一共炼了几炉钢，我们说6炉，他就在黑板上写下了这个数字。”

第二天一大早，这位老板又来到了工厂。他看了看黑板，见夜班工人把“6”换成了“7”，就微笑着离开了。

等到白班工人上班时，都看到了那个“7”。一位白班工人激动地大叫道：“什么意思嘛！这分明就是在说，我们上白班的工人不如他们上夜班的工人干得多，我们倒要让他们看看到底谁比谁强！大家说是不是？”白班工人们都大声附和着。

就这样，白班工人为了向夜班工人显示出自己的能力，都加紧工作，当他们晚上交班时，黑板上居然出现了一个巨大的

“10”字。

于是，两班工人互相挑战，展开了激烈的竞争。很快，这家产量一直落后的工厂，成了所有工厂中业绩最好的一个。

这位善于想办法的聪明老板仅仅用了一个小小的“6”字就改变了工厂的面貌，解决了打骂甚至开除威胁都办不到的事情。

办法是想出来的，只有想办法，才会找到解决问题的方法。不去想，办法也不会来找你。只有勤于思考、善于用脑，努力想办法，才会有办法，才能最终解决难题，获得成功。

5. 善于思考，心中有点子工作才有路子

不要做整天忙里忙外的机器人，要随时思量自己的所作所为，要在工作中学习知识、总结经验，并及时用正确的思考调整偏差，规划未来。所以勤于思考还不够，还要善于思考才行。

很多老资格的公司职员习惯于用手工作，因为这些工作他们已经很熟悉了，闭着眼睛都能做好。然而只用手工作，会使人们把 10 年当作 1 天来过，10 年过后，他们只掌握了一种工作方法。也就是说，10 年来他们在自己的工作上没有任何进步。这对竞争日益激烈的现代人来说，无疑是一件十分糟糕的事情。优秀员工一定要学会用心去工作，勤于思考还要善于思考，才能睁大眼睛发现问题，竖起耳朵倾听建议，用自己的大脑去思考、学习，从而上进、优秀。

有一个青年在报上看到一则招聘启事，正好是适合他的工作。第二天早上，当他到达应聘地点时，发现应聘队伍已经排了 20 多人，而公司仅招两人。如果是一般人，一看这种情况，肯定会打退堂鼓了。但是，这个青年思考了一下后，拿出一张纸，写了几行字，很有礼貌地对老板的秘书说：“小姐，请您把这张便条交给老板，这件事很重要。谢谢！”

这位秘书将纸条交给了老板，老板打开纸条，看后微笑着交还给秘书。秘书也把上面的字看了一遍，笑了起来，上面是这样写的："先生，我是排在第21号的人，请不要在见到我之前作出任何决定。"

这个青年最终如愿得到了工作，这就是思考的价值。在工作中要想克服困难，就必须善于思考，总结经验，找出方法和规律。这样才能顺利解决难题，提高自己的工作效率。

点子是创造力的体现，它能为我们选择事业和开创事业指出一条又一条可行的路子。一个人若想成就一番大业，一定要有创新的精神，必须时时让"金点子"在脑中激荡。

美国著名心智发展专家约翰·钱斐说道："创新能力是一种强大的生命力，它能给你的生活注入活力，赋予你生活的意义。创新能力是你命运转变的唯一希望。"

很多人都知道蒙牛集团的创始人、知名企业家牛根生。1983年，牛根生只是伊利集团的一名十分普通的洗奶瓶工人。谁也意想不到，这位洗奶瓶的工人因为具有非凡的敬业精神和创新精神，后来成了伊利集团的副总裁，再后来创办了连续三年增长速度排中国第一的蒙牛集团。

在王达林《创造天下》一书中，介绍了牛根生如何"以点子"促使自己走向成功的过程，我们看看他其中的一个"点子"吧：

20世纪90年代中期，牛根生是伊利的一名普通员工。那时，伊利推出了冰淇淋新品"苦咖啡"。有位地位显赫的女士来伊利参观，这位女士有糖尿病，按理说不能吃甜食，但尝了"苦咖啡"后，连声说好，又要了第二根。

当时，牛根生正在内蒙古工学院学计算机，周围都是些爱吃雪糕的女孩，但问起"苦咖啡"，谁都不知道。

在把这两件事联系在一起后，牛根生不禁想：连糖尿病人都抑制不住连吃两根“苦咖啡”，我们却把它“藏在深闺人不知”，这怎么行呢？

按惯例，冬季是冰淇淋业的淡季，但牛根生却把工人召集到一起：咱们今年冬天做一次营销——让人们在大冬天里吃雪糕！这就是想前人之不敢想、做前人之不敢做的创新。

经商定，伊利首先在呼和浩特和包头两座城市作试点。当时的广告创意是：一个天真可爱的小男孩，手持“苦咖啡”，初咬一口，眉关紧锁——苦！越吃越香，露出灿烂的笑容——甜！话外音：“苦苦的追求，甜甜的享受！”

一句广告语，赋予了“苦咖啡”无限的联想，后来还成为公司的经营理念之一。

在当时，牛根生采取了国内从未有过的传播策略，只要有广告时段，就加入了“苦咖啡”的广告，已达到无孔不入，无人不知的程度。这种高密度全覆盖广告法，赢得了立竿见影的传播效果。1996年12月，在试销的呼和浩特和包头两个市，满大街都是“苦咖啡”，淡季变成了旺季。紧接着“苦咖啡风暴”又跳出了区域市场，刮向全国。苦咖啡的制作广告仅仅5000元，播出费花了200万元，最终赢得了3亿元的销售收入。

从一个洗奶瓶工人到公司的副总裁，这一经历是曲折的，也并不是所有人都能够做到的，但是只要肯动脑筋，心中有点子工作就有了路子，那成功的机会就会是最大的。

世界上勤奋的人不计其数，但在事业上获得成功的人却寥寥无几，关键在于勤也还要勤在点子上才行。心中有点子，工作才会有路子，才能把工作做得更好，个人才能更优秀。

6. 大胆创新，突破所有条条框框

创新是一个永远不老的话题，创新并不是少数几个天才者的权利，每个人都能创新。成功学导师拿破仑·希尔认为：创新并不只是某些行动的专利，也不是超常智慧的人才有创新的能力。

杰克所在的"哈罗"啤酒厂位于布鲁塞尔东郊，无论是厂房建筑还是车间生产设备都没有很特别的地方。但作为销售总监的杰克是轰动欧洲的策划人员，由他策划的啤酒文化节曾经在欧洲多个国家盛行。

杰克刚到这个厂时是个还不满25岁的小伙子，那时候他有些发愁自己找不到对象，因为他相貌平平且又贫穷。但他还是看上厂里一个很优秀的女孩，当他在情人节偷偷地给她献花时，那个女孩却伤害了他，说："我不会看上一个普通得像你这样的男人。"于是，杰克决定做些不普通的事情，但什么是不普通的事情呢？杰克还没有仔细想过。

那时的哈罗啤酒厂正一年年地减产，因为销售的不景气而没有钱在电视或者报纸上做广告，酒厂开始陷入恶性循环，做销售员的杰克多次建议厂长到电视台做一次演讲或者广告，都被厂长拒绝了。杰克决定冒险做自己"想要做的事情"，于是他贷款承包了厂里的销售工作。正当他为怎样去做一个最省钱的广告而发愁时，他徘徊到了布鲁塞尔市中心的于连广场。这天正是感恩节，虽然已是深夜了，广场上还有很多欢快的人们，场中心撒尿的男孩铜像就是因挽救城市而闻名于世的小英雄于连。当然铜像撒出的"尿"是自来水。广场上一群调皮的孩子用自己喝空的矿泉水瓶子去接铜像里"尿"出的自来水向对方泼洒，他们的调皮激起了杰克的灵感。

第二天,路过广场的人们发现于连的"尿"变成了色泽金黄、泡沫泛起的"哈罗"啤酒。铜像旁边的大广告牌子上写着"哈罗啤酒免费品尝"的字样。一传十,十传百,全市老百姓都从家里拿自己的瓶子、杯子排成长队去接啤酒喝。电视台、报纸、广播电台争相报道,杰克把哈罗啤酒的广告不掏一分钱就成功地做上了电视和报纸。该年度的啤酒销售产量跃升了18倍。

在现代企业里,领导对于每个员工的考核,不再仅仅局限于专业技能的优劣,具备创新意识和创新能力的员工更受领导器重和依赖。成为一个优秀员工,首先就应该具备创新精神,这样,你就会成为成功的创新求知英雄。如果你成功了,你就会得到企业的承认和奖励,你不仅可以自由表达自己的观点,而且能得到企业领导的鼓励和赏识。

创造力是上天赐予我们的最珍贵的礼物,它能给我们带来许多意想不到的惊喜和精彩。创新创造了许多神话和奇迹,并且还在创造、还将创造更多的神话和奇迹。

有家大型广告公司招聘资深广告设计师,他们要求每个应聘者在一张白纸上设计出一个最好的方案,没有主题和内容的限制,然后把自己的方案扔到窗外。如果谁的方案最先设计完成,并且最先被路人捡起来看,谁就会被录用。

设计师们开始了忙碌的工作,他们绞尽脑汁地描绘着精美的图案,甚至有人费尽心思地画出诱人的美女。

就在其他人都手忙脚乱的时候,有一个设计师非常迅速、从容地把自己的方案扔到了窗外,并引起路人的哄抢。

他的方案是什么呢?原来,他只是在那张白纸上贴上了一张面值100美元的钞票,其他的什么也没画。就在其他人还疲于奔命的时候,应聘的结果已尘埃落定。

思路决定出路。这位应聘者当然是最优秀的设计师了,因为他有最好的创意。独具一格、具有创新思想的思路,才能让我们在这个竞争激烈的社会上脱颖而出，赢得机会，获得成功。

创新其实是一种竞争心态，将这种心态摆在你的行为模式里，时时有着创新的意识，那么你就会随时都有一种寻找创新机会的心理反应，就有了创新的敏锐观察力，就会随时发现可以创新的基点。这样，就不会让能体现创新的机会从你的眼皮底下溜走。

有了创新思想，在同一个竞争体制下，你就有可能独辟蹊径，超前胜出，做到领先，取得竞争优势。

创新没有定势，关键是要有创新的思路。惠普公司的不按牌理出牌的思路也一样取得了不小的成绩。在一个一切按常规正常运行的社会里，违背常理有时也能使企业脱颖而出。“兵无常势，水无常形”，用兵打仗最讲究一个“奇”字。同样道理，在商业竞争中，企业如果能超越常规，反其道而行之，体现创新的策略，往往也能取得良好的效果，关键还在于思路。

汉庭酒店董事长季琦曾经讲过一个关于汉庭“荞麦皮枕头”来历的故事：

季琦在携程的时候，到北京出差经常会住在天伦王朝酒店。他发现在这里睡得特别好，第二天精神充足。于是就仔细研究它的客房布置，最终发现他们的枕头很特别：大床房标准配置一个长长的荞麦皮枕头，睡上去和颈椎非常贴合，而且荞麦皮枕头可以改变形状，高矮都能调节。原来，在天伦王朝睡得好的原因是枕头！

于是他如获至宝地买了一个枕头带回家。睡了这个枕头后，颈椎好很多，也没有落枕的情况发生，以后就一直用上了荞麦皮枕头。

到了开办汉庭酒店的时候，季琦又一次对酒店产品进行研究，考虑到汉庭的许多客人都是经常用电脑的，大多颈椎不好，就想起来那个荞麦皮枕头，决定在汉庭推广这种枕头。

后来有一个供应商又给季琦提了一个建议：一面荞麦皮，另一面用普通枕芯，这样不但价格可以下来，而且客人也多了一个选择。于是汉庭的特色之一——“荞麦皮记忆棉双面枕”就这样诞生了。

创新并不神秘，顺势而为、反常而行都可以创新。“倒行逆施”，打破常规，可以创新，随手拈来、灵光一闪也可能创新，有道是“条条道路通罗马”，精明的而优秀的员工绝不会沿着一条道走到底，而是不断开阔思路，旱路不通走水路，大路不通走小路，只要有好的思路，往往就能产生全新的创意、全新的结果。

哥伦布发现美洲大陆后回到欧洲，声誉倍增，但有人对他的功绩横加挑剔。哥伦布问这些人：“你们能把鸡蛋竖起来吗?”对方试了几次，都失败了。哥伦布拿起鸡蛋，敲破底部，把鸡蛋稳稳当当地竖了起来。对方目瞪口呆，只好低头认输。

上帝为人间制造了一个怪结，被称为“高尔丁”死结，并许有承诺：谁能解开奇异的“高尔丁”死结，谁就将成为亚洲王。所有试图解开这个怪结的人都失败了，最后轮到亚历山大，他说：“我要创建我自己的解法规则。”他抽出宝剑，一剑将“高尔丁”死结劈为两半。于是他就成了亚洲王。

这就是勤于思考，勇于创新，敢于打破常规的例证。如果哥伦布和亚历山大也和众人一样，没有突破性的思维，不敢超越常规，那他们也不可能流芳千古。

因循守旧、墨守成规，缺少新的思路，缺乏创新精神，只在“守”字上做文章是达不到目的的。现代经济社会的发展日新月异，只躺在原有的基础上睡大觉，终将被历史所淘汰，要想获得100%完美的成功，就要有创新的精神。

创新的关键就在于打破常规，独辟蹊径，走出一条崭新的路来。竖起鸡蛋和劈开死结都不难，但为什么别人无法解决呢？这都是因为没有敢于打破一切的勇气和胆量,没有快速解决问题的智慧和头脑。普通人总是公认为死结必须要解才能开,鸡蛋是圆的立不起来,所以没有人能完成这两件事。而创新恰恰就是要突破这些陈旧观念,换一种方式考虑问题,从而得出出人意料的解决方法。

爱因斯坦相对论的诞生是想象力赋予它生命。他认为从牛顿以来对空间、时间、引力三者相互关系及运动规律永恒不变的理论有失偏颇,似乎感到有一种新的理论体系可以推翻这个论断,但有时几乎它就要在脑中形成概念,却又给某个“瓶颈”卡住了。1895 年夏天,一次,16 岁的爱因斯坦信步而行,登上一座小山,找到了一处理想的地方躺下,他半眯着眼睛,仰望天空,阳光穿过他的睫毛,射在他的眼睛上。他好奇地想象,如果自己骑在一束光上去旅行,那将是什么样子呢?然后问自己:如果这时在出发地有一座时钟,从我所处的位置看,它的时间会怎样流逝呢?我能同时看到过去、现在和未来吗?于是,他的智慧在想象中闪光,由此,相对论的灵感及理论体系脱颖而出。

有很多时候我们都会因为经验、因为知识、因为思维定势、因为书本、因为眼光等方面而束缚住创新的信念,阻碍了想象的思维捆住创新的手脚。所以要有效地创新、必然要克服思维定式的束缚才行。

思维是人类最为本质的特征,是人一切活动的源头,也是创新的源头。有了创新思维才能开始创新活动,有了创新活动才能产生创新成果。一个人的思维能力总体处于发展、变化的趋势中,但也会存在一种相对稳定的状态,这种状态是由一系列的思维定势所构成,由一系列思维定势的品质所表现。

如何克服思维定式呢?很简单,就是要经常想到“一切皆有可能”这句话。假如有人问“计算机能煲汤吗?”你一定不要做“荒唐”、“怎么可能”这样的回答,而是要回答“没问题!”这样的异想天开就是创造性思维,就是创新之源。

王永志第一次走进戈壁滩，执行发射中国自行设计的第一种中近程火箭任务时，那是七八月份，天气很炎热。当时计算火箭的推力时遇到了难题：火箭发射时推进剂温度高，密度就要变小，发动机的节流特性也要随之变化，如何控制命中率，大家一筹莫展。

正当大家绞尽脑汁想办法时，一个高个子年轻中尉站起来说："经过计算，要是从火箭体内卸出600公斤燃料，这枚导弹就会命中目标。"大家的目光一下子聚集到年轻的新面孔上。在场的专家们几乎不敢相信自己的耳朵。有人不客气地说："本来火箭能量就不够，你还要往外卸？"于是再也没有人理睬他的建议。这个年轻人就是王永志，他并不就此甘心，他想起了坐镇酒泉发射场的技术总指挥、大科学家钱学森，于是在临射前，他鼓起勇气走进了钱学森的住房。当时，钱学森还不太熟悉这个"小字辈"，可听完了王永志的意见，钱学森眼睛一亮，高兴地喊道："马上把火箭的总设计师请来。"钱学森指着王永志对总设计师说："这个年轻人的意见对，就按他的办！"果然，火箭卸出一些推进剂后射程变远了，连打3发导弹，发发命中目标。从此，钱学森记住了王永志。中国开始研制第二代导弹的时候，钱学森建议：第二代战略导弹让第二代人挂帅，让王永志担任总设计师。几十年后，总装备部领导看望钱学森，钱学森还提起这件事说："我推荐王永志担任载人航天工程总设师没错，此人年轻时就露出头角，他的思维大胆，不受束缚，和别人不一样，这才有利于创新和开拓。"

很多时候我们因为知道，因为书本、因为经验，都会让我们形成一种思维定式，因而要创新、培养创新思维，先得突破被思维定式的束缚。大胆思考、冲破条条框框、敢于破界才行。

比如经验。经验可以解决一定的问题，但如果太相信经验，又往往会落进经验的陷阱无法自拔。所以创新最活跃的大部分都是经验不多的年轻的员工。因为他们没有太多经验的束缚，反倒更能激活头脑中的创新思维，拥有更多的想象力和创造力，什么都敢想，什么都敢做，因而更能走出一条新的路来。

不可否认，经验是重要，经验可以让我们轻松地面对很多问题，经验可以让我们从容不迫，经验可以让我们避轻就重，解决很多实际的难题。但是经验不是绝对的。完全依靠经验，没有自己对客观事实的一个观察和判断，一味地依靠经验，必然为经验所困，只能咽下经验主义的苦果。

在中国古代的一场战争中，甲方因军备不足，导致军心涣散。主帅因此非常着急。这时，有位将领主动立下军令状，以项上人头担保第二天晚上必有大雾，他可以效法诸葛亮来个二次“草船借箭”。

第二天晚上，果然起了大雾，主帅大喜，命几10个士兵各驾一艘装满草人的小船驶向敌方水营，高声呐喊，用力击鼓。敌方军师获报后大惊，请示其将军：“如果让敌军攻到我军水营，后果不堪设想。请将军火速调派弓箭手，务必在敌船靠近之前……”将军挥手打断了他：“别叫弓箭手，去把那些新运到的投石车推过来……”当晚，这位好大喜功、只想照搬诸葛亮经验的将领不仅没有借回一支箭，反倒被打得人仰船翻，狼狈而归。

时代在不断前进，过去有用的知识现在未必适用。昨天他人用这种方法取得了成功，并不代表着今天你还能够靠它独领风骚。故步自封和经验主义的心态必然带来损害。借不到箭反被石头砸得落花流水也就没有什么奇怪了。

保守、拘于成规的行为方式表面上看是重视安全，本质上却忽略了世界时刻变化的真理。一直使用同一种方法来处理工作，很容易就会陷入一种经验的定式。长久不变，就会出现故步自封的情况，常常拿固有的经验来生搬硬套不断变化的新情况。历史的经验告诉我们，不突破经验的定势，经验甚至会害死我们。所以，要创新一定要突破经验定式才行。

麦斯威尔被誉为“19世纪最伟大的科学家”，麦斯威尔结合了“电”、“磁”、“光”三个领域。麦斯威尔透过严谨的数学公式，找出电公式和磁公式之间的矛盾，修改数字，然后发现如此修改以后，光公式便可并列。他是透过数学符号的严谨逻辑推理量化，发展出观念。但是麦斯威尔英年早逝，没有办法验证其理论，是赫兹帮忙验证的，为纪念赫兹，赫兹成为无线电波段的专有名词。赫兹也英年早逝，赫兹死后，无线电终于因这些观念被发明出来。无线电连发明家爱迪生都没有发明出来，实在是因为它太超乎生活经验之外了。有谁能料想得到，透过数学公式的量化严谨演算，会产生如此伟大的观念，使后人以这观念走出经验生活，发明出无线电这经验事物之外的发明呢！

截至到目前，科学家只能掌握电子的特性，却根本看不见电子，不知它到底长什么样子。但是光凭对电子特性的掌握，科技以前所未有的速度在增进人类生活的舒适与便利。譬如计算机IC、半导体、芯片，现在计算机影响人类文明多么深远，影响个人生活多么剧烈，这一切，竟然是只掌握规则，却看不见、不明其物的情况下发展的。这就是突破了人类经验的创新结晶。

怎样才能突破经验定式呢？要有“初生牛犊不怕虎”的精神。初生的牛犊之所以不怕虎，是因为不知老虎为何物，在它脑中没有“老虎会吃人”的经验定式。因此见了老虎，敢于本能地用牛角去顶，而这时，带上“牛见了我会逃跑”思维定式的老虎，反倒不知所措，于是落荒而逃。

法国著名歌唱家玛迪梅普莱有一个美丽的私人林园，每到周末总会有人到她的林园摘花、拾蘑菇、野营、野餐，弄得林园一片狼藉，肮脏不堪，管家让人围上篱笆，竖“私人林园禁止入内”的木牌，均无济于事。玛迪梅普莱得知后，在路口立了一些大牌子，上面醒目写到：“请注意！如果在林中被毒蛇咬伤，最近的医院距此15千米，驾车约半小时即可到达”。从此，再也没有人闯入她的林园。

换一个角度，变一种说法，变堵塞为疏导，果然轻而易举地达到目的。在创新的过程中，也需要学会这种变换视角、换个角度想问题的改变思维的方法，这样更有助于我们创新成功。

一位乡村中年邮差，从20岁起就每天往返于50公里的乡村小路，日复一日，将忧欢悲喜的故事送到村民家中。

20年一晃而过，他从邮局到乡村的那条小路却始终没有什么变化，总是那么荒凉。

“这么荒凉的小路还要走多长时间呢？”想到必须在这条荒凉的小路上度过人生，他不免地遗憾叹息。

有一天送完信，他心情郁闷地经过一家花店时，不由高兴起来。“对了，就是这个！”他走进花店，买了一些野花的种籽。第二天，他开始把种籽撒在往来的路旁。一天，两天，一个月，两个月，他不断撒播着。

没多久，那条荒凉了20年的道路两旁，开出五彩缤纷的小花，一年四季，群芳斗艳。

他再也不是愁眉苦脸的邮差了。

你看一个小小的创意，就可以让我们的工作充满意趣。

一个勤于思考、善于思考的员工就应当具备敢想敢做敢破界的创新精神，开动脑筋，勤于思考，激荡脑力，开发创意，打破所有条条和框框、突破所有成规和定式，开拓出一个全新的世界。一旦能把“化腐朽为神奇”的创意包装推广出来，“废品”也会变成“宝贝”，这种额外的增值是靠什么凭空多出来的呢？靠的是头脑里的“花招”，就是打破思维定势后的“点子”，是脑力激荡的硕果，是头脑风暴的奇迹，是破除清规戒律、打碎条条框框、不按牌理出牌的完美结局。如果你做到了，你就是企业最需要的创新型员工，你就会处处领先，出类拔萃。

第七章　热情满怀　激情四射

——优秀员工像热爱生命一样热爱工作

热情可以激发一个人潜在的巨大能量，释放出无与伦比的活力，让枯燥乏味的工作也会变得生动有趣，困难重重的工作也会变得轻而易举。热情能使懒惰的人勤奋，懦弱的人坚强，散漫的人专注。优秀的员工之所以优秀，就在于是热情满怀、激情四射的人。

1. 优秀员工对工作有着无与伦比的热情

热情是工作的灵魂，是行动的动力，也是优秀员工的秘诀。对工作热情，是一切希望成功的人——创造杰作的艺术家、卖肥皂的人、图书馆的管理员，以及其他行业的人员——必须具备的条件。成功学大师卡耐基认为，对工作热情的人具有无穷的力量。

威廉·费尔波，是耶鲁大学最著名而且最受欢迎的教授之一。他在那本极富启示性的《工作的兴奋》中写道："对我来说，教书凌驾于一切技术或职业之上。如果有热忱这回事，这就是热忱了。我爱好教书，正如画家爱好绘画，歌手爱好歌唱，诗人爱好写诗一样。每天起床之前，我都兴奋地想着有关学生的事……人在一生中之所以能够成功，最重要的因素就是对自己每天的工作抱着热忱的态度。"

热情是工作的灵魂。拥有热情，一个才能平平的人也会大放异彩，失却热情，一个才能卓越的人也会黯然失色。热情是工作的灵魂，贯穿于整个生命。是不是拥有满腔的热情，是不是热情焕发、激情四射，成为在工作中取得成就的关键。

美国著名人寿保险推销员弗兰克·帕克，凭借着对工作的热忱创造了众多奇迹。

最初，帕克是一名职业棒球运动员，后来却被球队开除了，因为他动作无力，没有激情。球队经理对帕克说："你这样对职业没有热忱，不配做一名棒球职业运动员。无论你到哪里做任何事情，若不能打起精神来，你永远都不可能有出路。"这次惨痛的经历给了帕克沉重的打击，但他并未意志消沉。

朋友又给帕克介绍了一个新的球队。在工作的第一天，帕克做出了一个惊人的决定：他决定做美国最有热情的职业棒球运动员。从此以后，球场上的帕克就像装了马达一样，强力地击高球，把接球人的手臂都震麻了。

有一次，帕克像坦克一样高速冲入三垒，对方的三垒手被帕克强大的气势给震住了，竟然忘了去接球，帕克赢得了胜利。热忱给帕克带来了意想不到的结果，不仅将他出色的球技发挥得淋漓尽致，还感染了其他队员，整个球队变得激情四溢。最终，球队取得了前所未有的佳绩。

当地的报纸对帕克大加赞赏："那位新加入进来的球员，无疑是一个霹雳球手，全队的人受到他的影响都充满了活力，他们不但赢了这场比赛，而且为球迷奉献了本赛季最精彩的一场比赛。"

由于对工作和球队的热情，帕克的薪水由刚入队的500美元提高到约4000美元。在以后的几年里，凭着这样一股热情，帕克的薪水又增加了约50倍。

后来由于腿部受伤，帕克离开了心爱的棒球队，到一家著名的人寿保险公司当保险助理，但整整一年都没有业绩。帕克又迸发了像当年打棒球一样的工作热忱，很快就成了人寿保险界的推销明星。后来他一直从事这个职业，取得了非常优秀的成绩。

帕克在回顾他的职业生涯时深有感触地说："我从事推销30年了，见过许多人，由于对工作保持着热忱的态度，他们的收效成倍地增加；我也见过另一些人，由于缺乏热情而走投无路。我深信我对工作的热情是我成功推销的最重要因素。"

那些对工作缺乏激情的人，总认为工作是枯燥乏味，缺少乐趣的。工作对我们而言究竟是乐趣还是枯燥乏味的事情，其实全看自己怎么想，而不在于工作本身。如果你只把目光停留在工作本身，那么即使是从事你最喜欢的工作，你依然无法持久地保持对工作的热情。如果在拟订合同时，你想的是一个几百万元的订单；搜集资料、撰写标书时你想到的是招标会上的夺冠,你还会认为自己的工作周而复始、枯燥无味吗?

对工作充满热情的人,他们的热情并不在于专挑自己喜欢的事情做,而在于发自内心地喜欢自己所做的工作。

西方人将工作视为一个人的天职和生命,相信每一份工作都是上帝恩赐的礼物,是值得每一个人充满热忱地用灵魂去对待的。无论是公司、政府或是军队,无论是领导人还是职员,都将热忱视为生命。塞缪尔·斯迈尔斯的办公桌上挂了一块牌子,他家的镜子上也吊了同样一块牌子,巧的是麦克阿瑟在南太平洋指挥盟军的时候,办公室墙上也挂着一块牌子,这些牌子上面都写着同样的座右铭:

你有信仰就年轻,
疑惑就年老;
有自信就年轻,
畏惧就年老;
有希望就年轻,
绝望就年老;
岁月使你皮肤起皱,
但是失去了热忱,
就损伤了灵魂。

这是对热忱最好的赞美词。热忱,可以保养灵魂,培养并发挥热忱的特性,我们就给自己所做的每件事情加上了火花和趣味,我们就能点燃工作的激情,燃起希望的大火。

热情是行动的动力。工作其实就像一堆干柴,热情就是火种,用热情去点柴堆,工作就会燃烧起来,释放出巨大的能量。大凡那些优秀、卓越的成功者、那些优秀员工,无一不是对工作有着无与伦比热情的人。

一个对自己工作充满激情的人,无论在什么公司工作,他都会认为自己所从事的工作是世界上最神圣、最崇高的职业;无论工作的困难多么大,或是质量要求多么高,他都会一丝不苟、不急不躁地去完成。这时候,他的自发性、创造性、专注精神等便会在工作的过程中表现出来，使他的工作更富魅力、更有成效。

雅丝·兰黛是许多年来《财富》与《福布斯》等杂志富商榜上的传奇人物。这位当代“化妆品工业皇后”白手起家，凭着自己的聪颖和对工作与事业的高度热情，成为世界著名的市场推销专家。由她一手创办的雅丝·兰黛化妆品公司，首创了卖化妆品赠礼品的推销方式，使公司脱颖而出，走在了同行的前列。她之所以能创造出如此辉煌的事业，不是靠世袭，而是靠自己对待工作和事业的激情得来的。在80岁前，她每天都能斗志昂扬、精神抖擞地工作10多个小时，她对待工作的态度和旺盛的精力实在令人惊讶。今天的兰黛名义上已经退休了，而实际上，她照例会每天穿着职业服装，精神抖擞地周旋于名门贵户之间，替自己的公司做无形的宣传。

伟大人物对使命的热情可以谱写历史，普通员工对工作的热情则可以改变自己的人生。

刘兆是一家电脑公司的业务主管，现在这家公司的生意相当火暴，公司的员工对待自己的工作也充满了热情。

但以前并不是这种情况，那时候，公司里的员工们都厌倦了自己的工作，他们中的许多人已经做好辞职的准备了。刘兆的到来改变了这一切，他对待工作充满了激情，这种精神状态点燃了其他员工的热情。

每天，刘兆第一个到达公司，微笑着与每一个同事打招呼。在工作的过程中，他总是容光焕发，调动自身潜能，开发新的工作方法。在他的影响下，公司的员工也都早来晚走。因为刘兆经常保持这种激情四射的工作状态，在很短的时间内，便被经理提拔到主管的位置。在他的带动和感染下，员工们也个个充满了活力，公司的业绩不断上升。

刘兆的成功在于他始终对工作保持着火一般的热忱，无论外界环境怎么样，始终斗志昂扬、激情四射地工作，可以说，正是积极热忱的工作态度成就了他骄人的业绩。

对于一名员工来说，热情就如同生命。凭借热情，我们可以释放出潜在的巨大能量，发展出一种坚强的个性；凭借热情，我们可以把枯燥乏味的工作变得生动有趣，使自己充满活力，培养自己对事业的狂热追求；凭借热情，我们可以感染周围的同事，让他们理解你、支持你，从而拥有良好的人际关系；凭借热情，我们更可以获得老板的提拔和重用，赢得珍贵的成长和发展的机会。

一个没有热情的员工不可能始终如一、高质量地完成自己的工作，更不可能做出创造性的业绩。如果你失去了热情，那么你永远也不可能在职场中立足和成长，永远不会拥有成功的事业与充实的人生。所以，要想做到优秀，从现在开始，对你的工作倾注全部的热情吧！

2. 热情满怀，对工作投入100%的热情

热情对于一个职场人士来说，就如同生命一样重要。拿破仑·希尔博士说："要想获得这个世界上的最大奖赏，你必须拥有过去最伟大的开拓者所拥有的、将梦想转化为现实的献身热情，以此来发展和销售自己的才能。"成功的人和失败的人在技术、能力和智慧等各方面的差别通常并不很大，但是就算两个人各方面条件都差不多，具有热情的人将更容易如愿以偿。因为从某种程度上说，热情比智慧更重要。凭借热情，你可以把工作变得生动有趣，使自己充满活力；凭借热情，你可以释放出巨大的潜能，发展自己坚强的个性。

比尔·盖茨曾经说过："每天早晨醒来，一想到所从事的工作和所开发的技术将会给人类生活带来巨大的影响和变化，我就会无比兴奋和激动。"

成功大师卡耐基认为:“对工作热情的人具有无穷的力量。”

亨利·福特说:“我喜欢热情的员工,他的热情会激发顾客的热情,这样生意就做成了。”

这是成功者的经验之谈,更是奋斗者的指路明灯。

艾柯卡说:“对任何事都热情的人,做任何事都会成功。”

热情是点燃卓越的熊熊烈火。用100%的热情去做1%的事情,那么你一定可以在你的职业生涯中完美地起飞。著名棒球运动员贝特格正是凭借自己对工作的高度热情,创造了一个又一个奇迹。

当贝特格刚转入职业棒球界不久,便遭到有生以来最大的打击,他被约翰斯顿球队开除了。他的动作无力,因此球队的经理要他走人。经理对他说:“你这样慢吞吞的,根本不适合在球场上打球。贝特格,你离开这里之后,无论到哪里,做任何事,若不提起精神来,你将永远不会有出路。”

贝特格没有其他出路,因此去了宾州的一个叫切斯特的球队,从此他参加的是大西洋联赛,一个级别很低的球赛。和约翰斯顿队1250美元的收入相比,每个月只有250美元的薪水更让他无法找到激情。但他想:“我必须激情四射,因为我要活命。”

在贝特格来到切斯特球队的第三天,他认识了一个叫丹尼的老球员,他劝贝特格不要参加级别这么低的联赛。贝特格很沮丧地说:“在我找到更好的工作之前,我什么都愿意做。”

一个星期后,在丹尼的引荐下,贝特格顺利加入了康州的纽黑文球队。这个球队没有人认识他,更没有人责备他。在那一刻,他在心底暗暗发誓,我要成为整个球队最具活力、最有激情的球员。这一天成为他生命里印象最深刻的一天。

每天,贝特格就像一个不知疲倦和劳顿的铁人奔跑在球场,球技也提高得很快,尤其是投球,不但迅速而且非常有力,有时居然能震落接球队友的护手套。

在一次联赛中，贝特格的球队遭遇实力强劲的对手。那一天的气温非常高，身边像有一团火在炙烤，这样的情况极易使人中暑晕倒，但他并没有因此而退却。在比赛快要结束的最后几分钟里，由于对手接球失误，贝特格抓住这个千载难逢的机会，迅速跑向本垒，从而赢得了决定胜负的至关重要的一分。

发疯似的激情让贝特格有如神助，它至少起到了三种效果：第一，使他忘记了恐惧和紧张，掷球速度比赛前预计的还要出色；第二，他“疯狂”般的奔跑感染了其他队友，他们也变得活力四射，首先在气势上压制了对手；第三，在闷热的天气里比赛，贝特格的感觉出奇地好，这在以前是从来没有过的。

从此，贝特格每月的薪水涨到了 1850 美元，和在切斯特球队每月 250 美元相比，他的薪水在 10 天的时间里猛增了好多倍，这让他一度产生不真实的感觉，他简直不知道还有什么能让自己的薪水涨得这么快，当然除了“激情”。

可见热情对一个人的影响是巨大的、深刻的。热情可以激发出一个人潜在的巨大能量，释放出无与伦比的活力，让任何困难都变得微不足道，任何奇迹都可以创造出来。

热情是实现愿望最有效的工作方式。如果你能够让人们相信，你的愿望确实是你自己想要实现的目标，那么即使你有很多缺点别人也会原谅你。**只有那些对自己的愿望有真正热情的人，才有可能把自己的愿望变成美好的现实。**

对工作投入 100％的热情，比对工作投入 100％的智慧更有效率。因为有热情能激发潜能，有热情就能全身心地投入，有热情就能干劲十足，精力充沛，有热情就能神情专注，有热情任何事都变得轻而易举，热情让人更自信，热情让人更勤奋，热情让人激情勃发，青春永驻……有时候成功与其说取决于人的才能，不如说取决于人的热情。热情是做好工作的重要支撑，热情是走向成功的必不可少的动力之源。

只要你对工作投入了100%的热情,你一定会得到100%的回报。

3. 激情四射,点燃工作的熊熊烈火

热情是一种情绪、一种精神状态,是干好各项工作的不竭动力。热情不管是聚积于内,还是显露于外,都能激活身心的巨大潜力。工作的热情需要培养和激发,需要采取合适的方法予以点燃。

每个人内心深处都有像火一样的热情,却很少有人能将自己的热情释放出来,大部分人都习惯于将自己的热情深深地埋藏在内心深处。有的人因为没有将自己内心深处的热情释放出来,不但工作做不好,甚至还因此付出惨痛的代价。有的人释放出了自己的热情,从此工作就变得不同。

瑞恩,是一家电脑公司的业务主管,而半年前,他才刚进公司,那时,他还是一个刚毕业的大学生,到公司没几天就发现整个公司如"一潭死水"般,每一个员工都按时上下班,一天一天地悠闲度日,对工作没有丝毫的热情,偶尔闲聊也都是对老板的无限抱怨,甚至有的人辞职报告都已经打好。

接下来的一个多月,对工作积富热情的瑞恩改变了这一切,除了建议公司改革一部分制度以激发员工的积极性外,瑞恩还调动自己身上的潜力,试用新的工作方法,以身作则,用自己充满激情的工作作风——每天第一个到达公司,用诚挚的微笑和每一位同事打招呼;一天的工作中,他总是神采奕奕充满干劲。逐渐地,在他的带动下,办公室的气氛逐渐活跃起来,所有人都变得斗志昂扬,很多原本长期不能解决的问题也都一一迎刃而解,公司的业务也不断上升。

当然,优异的业绩和突出表现,使得瑞恩的身价也是一路看涨,在仅仅半年的时间内,便被破格提拔为部门经理。

对工作充满热情就能够产生强大的动力，不仅可以使自己提高工作效率，而且还能够带动周围的人更好地完成工作。这种人是任何一个公司都迫切需要的，曾任职 IBM 中国区人力资源总监的白文杰说过："从人力资源的角度而言，我们希望招到的员工都是一些对工作充满热情的人，他们一旦投入工作，所有工作中的难题也就不能称之为难题了，因为这种热情激发了他们身上的每一个钻研的细胞。另外，他周围的同事也会受到他的感染，产生出对待工作的热情。"

激情是一个人保持高度的自觉，把全身的每一个细胞都激活起来，完成他心中渴望的事情的动因；是一种强劲的情绪，一种对人、事物和信仰的强烈情感。工作中你注入多大的激情，就会有多大的收获。

林子是一家公司的采购员，他非常勤奋，有一种近乎狂热的热忱。他的工作要求很简单，只要能满足其他部门的需要就可以了。但林子却千方百计地找供货最便宜的供应商，买进上百种公司急需的货物。

他兢兢业业地工作，为公司节省了许多资金，这些成绩是大家有目共睹的。在 28 岁那年，他为公司节省的资金已超过 80 万美元。公司副总经理知道这件事后，马上就增加了他的薪水。他在工作上的刻苦努力博得了高级主管的赏识，使他在 34 岁时就成了这家公司的副总裁。对于职业人而言，当你正确地认识了自身价值和能力以及社会责任时，当你对自己的工作有兴趣，感到个人潜力得到发挥时，你就会产生一种肯定性的情感和积极的态度，把自觉自愿承担的种种义务看做是"应该做的"，并产生一种巨大的精神动力。即使在各种条件比较差的情况下，也不会放松自己的要求，反而会更加积极主动地提高自己的各种能力，创造性地完成自己的工作，这就是你在释放自己的激情。

激情是实现工作理想最有效的工作方式，用激情来点燃自己的工作，即便是最乏味的事情，也会变得富有生趣。我们每个人都应该学会用热忱去点燃自己的工作。就算工作不尽如人意,你也不要愁眉不展、无所事事,要学会掌控自己的情绪,激发自己的热忱,让一切都变得积极起来。

点燃工作的激情,要从小事开始做起。凡事比别人先行一步,彻底改掉总跟在别人后面、做事总比别人慢一拍的坏习惯。另外,不要把工作当做一件差事。否则,你就很难倾注你的热忱。而如果你把你的工作当做一项事业来看待,情况就会完全不同。

海涛就是一位很有激情的经理人,他对任何工作都追求完美,但工作完成的时间是有限制的,于是他就加班加点。开始时员工们的抱怨很多,但是经由他的手培训出了很多优秀的人才,他们最后都成了行业的精英或者业务骨干。对此,海涛说:"我的工作就是永远不知足,因此我在工作中激情饱满。我觉得我的员工已经很优秀,但是仍然可以做得更好,所以对他们要求严格。人有时候就差那么一点,但是总是对于现在的成绩很满足,认为这样就可以了,而不愿意再向前迈一步。这样的人都是缺乏工作激情的人,没有工作的激情,做起事来就不会付出最大的精力,也就不会把工作做到最好。"

遇到困难,最好的方式不是逃避,而是积极地面对困难,充满激情地解决每一道难题。因此做好并不难,只要你有一个做好的意图。若你有强烈的将工作做好的意识,心中自会产生源源不断的动力,让你不畏艰苦,不达目标誓不罢休。

杰妮是一名广告策划,一向自信的她在认真挑选了一家公司作为自己的发展基地时遇到了一个近乎苛求的老板。每次她把策划案交到老板手里,低眉顺眼地询问到底欠缺在哪里时,老板都会很直接地告诉她:"我也不知道到底哪儿不好,但我就是觉得不够完美,总之你还要继续,要不就重来。"每当她递交方案从老板的办公室里走出来时,心情就跌落到了谷底。几经周折,杰妮终于对工作完全没有了激情,如果再继续下去,她最终要从这家待遇极佳的公司灰溜溜地走掉。可是,她不愿意,“逃,不是我的性格,我决定从下一个方案开始,我要挑战他,一定要让他说出‘好’字”！于是,她重新调整了状态,在接手了一个环卫广告的方案创意后,精心地准备了3套方案,在这3个侧重点不同、宣传风格迥异的方案中,杰妮把自己的视角调整成了一个挑剔者。几个通宵的不眠之夜过后,面对着提交的方案,老板还是摇头,但当杰妮说出最后的思路:把3份方案的亮点结合在一起时,老板的笑意也渐渐浮现了出来。

只要你对工作永远抱有激情,你就会永远享受到工作回报给你的馈赠。激情带来希望,激情成就梦想,激情让一切都变得不同,拥有了激情就拥有了坚定的信念、行动的动力,就拥有了成功的资本,这种激情可以让你勇往直前,纵横驰骋。

美国富翁保罗·盖帝在总结自己的成功之路时指出:“激情成就财富,成功离不开激情。激情是一种精神特质,代表一种积极的精神力量。人人都具有激情,只要善加利用,就能使之转化为巨大的致富能量。”

激情是世界上最有价值的一种感情,也是最具感染力的。一个人从事他所喜爱的工作时,你可以一眼就看出来,他非常投入,其表现出的自发性、创造性、专注和执著都十分明显,而在那些视工作为应付差事、乏味无聊的人那里,是根本看不见的。对事业的热情是世界上最大的财富,它的价值远远超过金钱与权势。热情摧毁偏见与敌意,摒弃懒惰,扫除障碍。热情是行动的信仰,有了这种信仰,任何一个人都会无往不胜。

哈达曼教授指出:世上许多做得极好的创意,都是在激情的推动下完成的。关键所在,是要把将工作做好的激情保持长久,做到善始善终。

所以,除了对工作有热情、倾注热情外,还要保持对工作的激情不变,这才是成功的关键、优秀的秘诀。

世界最大的零售企业沃尔玛的创始人萨姆·沃尔顿于1950年在本顿威尔买下了一家杂货店,1952年在费耶特维尔接过了第二家店，并仍然采取自助销售的方式，萨姆·沃尔顿的做法是不断地创新、试验和扩展。更让人难以置信的是：

1950 年，他新开 1 家店；

1966 年，2 家；

1967 年，20 家；

1968 年，他第一次进入密苏里州和俄克拉荷马州的邻近地区，新开 5 家店；

1969 年，又是 5 家；

1969 年 11 月，他的公司在本顿威尔城南 1.6 公里处铁路线旁建起了自己的总部，占地 5 万多平方米，建筑面积约 6500 平方米，建筑总花费 52.5 万美元；

到 1970 年，沃尔玛店铺总数增至 32 家，销售收入从 300 万美元增加到 3000 万美元，而在 2004 年世界 500 强企业名单中，沃尔玛位列第一，资产数千亿美元。

如果是平常人在那个时代就获得了几百万美元的资产，他会做怎样的选择呢？那时的几百万已足够奢侈地过一辈子了。但是沃尔顿在取得了事业的初步成功后，并没有停止前进的步伐，他的梦想是打造全世界范围内自己的零售帝国，这就是他的梦想，也是他创业的激情所在，因为这种激情，成就了一个零售帝国的伟大成功。

激情是成功路上不可或缺的关键元素。

像没有汽车加油站，汽车就不能跑长途一样，激情不加油，也不能维持长久。但敬业的人对工作的激情永远不会干涸，他会疏通情感渠道，从而起到加油站的作用。忠诚敬业的人其激情发自内心，起于梦想，所以这种激情不会轻易消退，它表现成为一种强大的精神力量，征服自身与环境，持久地散发出魔力，引导我们创造出日新月异的成绩，让我们在激烈的竞争中立于不败之地。就像永远激情四射的沃尔顿一样。

没有激情，世界上所有的花朵都会失去颜色，火热的太阳也会变得冰冷;没有激情,再完美的工作方法也会黯然失色。激情就像燧石,只有经过不断的撞击,才会迸射出火花。所以,我们要永远保持工作的激情,才能让工作不断提升。

4. 满心投入，像热爱生命一样热爱工作

美国前教育部部长、著名教育家威廉·贝内特说:工作是我们要用生命去做的事。既然我们热爱自己的生命,那我们有什么理由不热爱自己的工作呢?

从生命的本质来说,工作不是我们为了获取薪水谋生才去做的事,而是我们用生命去做的事。所以,要像热爱生命一样热爱工作。有人打了一个比方,说如果工作是为了薪水的话,等于是我们每个工作着的人是在按月出售自己的生命,甚至非常廉价地出卖了。但是,如果真的有一个人拿着 500 万元来找你,希望一次性地买断你的生命,估计没有任何一个人会同意。为什么?一辈子的工资远远没有 500 万元,为什么不愿意?就是因为我们的工作也是我们生命的意义所在,是我们生活的乐趣所在。

一个人,一旦爱上了自己的职业,他的身心就会融合在职业工作中,就能在平凡的岗位上,做出不平凡的事业。

李函是某文化公司的总经理,在他刚创业的时候,许多困境都因为他对工作的热爱而破解。我们知道,一个企业的创业过程中,如果没有资金、没有人才,只在技术和市场的背景下去创业,那么,这种创业过程无疑是一场惊险的冒险,而李函的创业历程正好给我们说明了这一点。他在刚创业的时候,凭借着极少的资金,公司就只有他一个人单枪匹马地在商场上厮杀,他一个人担当了众多的角色,他既是领导者,为公司的发展制订发展目标,又是技术开发人员,他要把产品开发出来;他既是营销人员,在产品开发出来之后,他要把产品推向市场,他又是清洁工,

当办公室很脏时，他要亲自去打扫。更令人惊奇的是，他在创业时才20岁，尽管他本人给人一种精明强干、能够适应市场变化的印象，但他还是给父母和朋友们带来了许多的疑问，人们都认为他不具备创业的资格。

但是，正是这样一个年纪轻轻、其貌不扬、资历浅显的年轻人，通过自己的努力改变了自己的人生命运，经过一年的创业之后，他终于取得新的发展。他的公司无论是在市场份额，还是在人员规模上都有了新的变化。当人们问起是什么因素使他取得这样的发展时，他坦然一笑说："是我对工作的热爱，因为在我的每一步发展中，我都抱有极大的热情。我将自己的每一份精力都倾注到我的创业过程中，在每一天，无论在我身上发生什么样的困难，我都会以热情来对待，于是使我感到无比的快乐。"

李函的成绩是50%的热情加50%的勤奋换来的，只要你来到他所领导的公司，你也会被他的热情所感染。用李函的话来说就是："热情是一股力量，它和信心一起将逆境、失败和暂时的挫折转变成为行动。借着这股热情，你可以将任何消极表现和经验转变成积极表现和经验。"

当我们在做自己喜欢做的事情的时候，很少感到疲倦，很多人都有这种感觉。例如周末的时候你到河边去钓鱼，在河边坐了整整11个小时，但是你一点都不觉得累，为什么？因为钓鱼是你的兴趣所在，从钓鱼中你享受到了快乐。要是你从事着你不喜欢的工作，不要说工作11个小时，可能工作1个小时你心里就早盼着下班了。其实产生疲倦的主要原因，是对生活厌倦，是对某种工作特别厌烦。这种心理上的疲倦感往往比肉体上的体力消耗更让人难以支撑。

所以孔子说："知之者不如好之者，好之者不如乐之者。"如果你首先从心里热爱你的工作，你的工作必然会是有趣的，高效的，能让我们轻易做出成绩的。

有的员工会说，对一种职业是否热爱，有一个个人对职业的兴趣问题。有兴趣就容易产生对职业的热情，没有兴趣就谈不上爱。但每一个岗位都要有人去干，缺一不可。因此，如果你在这个岗位上，你就一定要努力培养兴趣，倾注热情，热爱这个工作，尊敬这份工作，尽心尽力、尽职尽责把这份工作做到最好。

要热爱工作，必须要正确地认识工作的意义，找到工作的乐趣，并且激发我们对工作的兴趣。即使这份工作自己不太喜欢，也要尽一切能力去改变自己的态度，去热爱它。并凭借这种热爱去发掘内心蕴藏着的活力、热情和巨大的创造力。事实上，你对自己的工作越热爱，决心越大，工作效率就越高。当你抱有这样的热情时，上班就不再是一件苦差事，工作就变成了一种乐趣。

在一家快餐厅，有一位专门煎鸡翅的员工，尽管煎鸡翅的工作环境不好，单调而乏味，可他每天都觉得很快乐，尤其是在煎鸡翅的时候，更是用心，许多人对此感到不可思议，就问："煎鸡翅这样的工作有什么乐趣可言？"

这个煎鸡翅的员工说："我之所以感到工作很快乐，是因为每当我看到顾客吃了我精心制作的鸡翅之后十分满足，并且神情愉快地离开时，我便也感到十分高兴，心中觉得又完成一件重大的工作，让我有一种成就感。因此，能让吃上我做的鸡翅的顾客感觉到我带给他们的快乐，便是我煎好鸡翅的一项使命，也是我工作感到快乐的源泉，我要尽全力去做好它。"

顾客听了他的回答之后，对他能用这样的态度来煎鸡翅，都感到非常钦佩。这事被一传十、十传百，很多人来到这家餐厅吃他煎的鸡翅，同时看看"快乐地煎鸡翅的人"。

公司主管有感于他这种热情积极的工作态度，认为值得奖励并给予栽培。没几年，他便升为区经理了。

这个煎鸡翅的员工把每做好一个鸡翅，让顾客吃了开心，当作是自己的工作乐趣。对他而言，这是一件有意义的工作，所以他从心底热爱这份工作，把这份工作当成生命的意义来对待，因而满怀信心和热情去做工作。

诺贝尔能冒着生命的危险研制出炸药，因为研制炸药是他热爱的工作；爱迪生能在失败1000多次之后依然对实验保持着极高的热情，因为工作就是他全部的人生意义。对于工作的热爱，让伟人们不惜付出毕生的精力和时间，那我们呢？我们当然不需要为工作付出自己的生命。但如果我们想要比一般人有更大的成就，如果我们想要成功，我们至少应该像热爱生命一样热爱自己的工作。

一个热爱自己的工作，从心里尊敬自己的职业的员工，对待工作总是有100%的工作激情，十二分的投入。无论把他放在哪一个岗位上，他都能够兢兢业业、任劳任怨地发挥自己的智慧和才干，尽职尽责地把工作做到尽善尽美，哪怕付出生命的代价也在所不惜。

方永刚，海军大连舰艇学院政治系中国特色社会主义理论教研室教授。方永刚入伍20多年，以对马克思主义的坚定信仰，立足本职，深入学习、积极传播、模范践行党的创新理论，在党的理论武装工作中作出了突出贡献。

方永刚热爱本职，兢兢业业，在军校教员岗位上忠实地履行着自己的职责。他把业余时间全部用在了刻苦学习和研究党的创新理论上，经常通宵达旦地学习、备课、撰写著作和文章。他读过的《邓小平文选》，书的四周全被磨破了，厚厚的封面也由于反复翻阅快被磨穿了，空白处密密麻麻写满了所思所悟。

正是凭着这种水滴石穿的精神，从邓小平理论、“三个代表”重要思想到科学发展观，党的创新理论每前进一步，方永刚的学习研究就会跟进一步、深入一层，不断推出研究成果。他先后出版了16部政治理论专著，完成10项国家和军队重点科研项目，发表100多篇学术论文，荣获全军院校育才银奖、全军政治理论研究优秀成果一等奖。方永刚就像时刻保持冲锋姿态的战士，哪怕十几分钟的课都充满激情，他的课充满了理论的力量和人格的魅力，连续6年教学质量被学院评为A等，多次被学院评为优秀教员、青年教员成才标兵，荣立三等功一次。方永刚作为辽宁省国防教育讲师团成员、大连市委讲师团成员、沈阳军区联勤部客座教授，先后为部队和地方党政机关、社区、企事业、干休所、学校等单位作辅导报告1000多场，从军队到地方、从城市到乡村、从北国的漠河边防到南疆的海防哨卡，都留下了他传播创新理论的足迹，他也因此被官兵群众誉为“平民教授”、“大众学者”和“科普专家”。

2006年11月，被确诊为晚期结肠癌的方永刚，仍然以顽强的毅力与病魔抗争。他坚持从医院回到学院，为海军基层政工干部培训班国防生学员上完了他本学期的最后两节课，还躺在病床上完成了对3名研究生的学期教学和毕业论文写作辅导任务。方永刚真学、真信、真情宣传、真诚实践党的创新理论，用生命的激情诠释了一名军校教员的敬业奉献精神和高尚师德师风。

2007年6月20日，中央军委授予方永刚同志“忠诚党的创新理论的模范教员”荣誉称号。

热爱职业，等同于热爱自己的生命，这是人类最伟大的情操之一。不惜一切代价和甘冒一切风险地遵从职责的召唤，这是最高尚的文明生活的本质体现。无论是过去还是现在，伟大的职业都值得人们去为之奋斗，值得人们为之神往，为之奉献自己的生命。

而优秀的员工对于自己的任何工作，都会抱以百分之百的热爱，投以百分之百的精力，以忘我的精神，全心全意的态度，尽职尽责的责任心，全身心地投入工作中去，像热爱生命一样热爱自己的工作，因而，即使他们身处一个最平常最平凡的岗位上，也一样可以创造出伟大和奇迹来。

5. 全力以赴，把工作当成事业来做

台湾经营之神、台塑集团创始人、台湾首富王永庆先生说："一个人把工作当成是职业，他会全力应付；一个人把工作当成是事业，他会全力以赴。"

我们不难发现全力应付与全力以赴只有一字之差，而意义却天壤之别。对于工作，我们不仅要把它当成一种职业，更要把它当成一种事业。珍惜工作的最高要求就是要把工作当成自己的事业。而如果一个人能够把工作当成事业来做，那么他已经成功了一半。

一名普通的中学历史教师能走上知名的《百家讲坛》，正说清朝二十四臣，应当算得上小有成就吧。当中央电视台《人物新周刊》的主持人问纪连海有什么成功的秘诀时，他说，我只是把教师职业当成事业来做。在他看来，工作有两种：一种是职业，一种是事业。而当中学教师就是他的事业，而不是职业。

为事业而工作，才不会成为工作的奴隶，而是驾驭工作，主导工作；让工作向成功的方向挺进，让工作当成一种兴趣，当成一种生命内在的需要，当成展示智慧和才华的舞台，这样，才能体会到人生的幸福和成长的快乐。正如有位哲学家说过的："工作就是人生的价值、人生的欢乐，也是人生幸福之所在。"所以，当你把工作看作是一种快乐时，生活就会变得很美好；而当你把工作看成一种任务时，生活就变成了一种奴役。

一位著名企业家说过这样一段话："我的员工中最可悲也是最可怜的一种人，就是那些只想获得薪水，而对其他一无所知的人。同一件事，对于工作等于事业的人来说，意味着执著追求、力求完美；而对于工作不等于事业的人而言，意味着出于无奈、不得已而为之。"

一个年轻人取得博士学位后，便自愿进入一家制造燃油机的企业担任质检员，刚开始薪水与普通工人相同。工作半个月

后,他发现该公司生产成本高,产品质量差,于是他便不遗余力地说服公司老板推行改革以占领市场。身边的同事对他说:"老板给你的薪水也不高啊,你为什么要这么卖命啊?"他笑道:"我是为我自己,因为这是我的事业。"一年后,这个年轻人被晋升为副总经理,薪水翻了几倍。

职业就是事业!这应当是我们永远持有的人生观和价值观,这样工作就会投入,工作才有激情。

微软的创始人比尔·盖茨先生说:"如果只把工作当作一件差事,或者只将目光停留在工作本身,那么即使是从事你最喜欢的工作,你依然无法持久地保持对工作的激情。但如果把工作当作一项事业来看待,情况就会完全不同。"

华人首富李嘉诚先生说:"无论未来从事何种工作,一定要全力以赴、一丝不苟。能做到这一点,就不会为自己的前途操心。"

1998年,李万钧大学毕业进入微软公司,工作伊始,他就立志在这个他喜爱的工作中做出自己的事业来,因而他把每一天的工作都当成事业来做。工作两年后,年仅24岁的他就被提拔为微软历史上最年轻的中层经理。2002年,他更因在上海技术中心出色的工作表现而调任美国总部任高级财务分析师。

初进微软,李万钧只是技术支持中心一名普通的工程师,但他非常想干好毕业后的这第一份工作。当时经理考核的依据是记录在公司的报表系统上的"成绩单","成绩单"月末才能看到,于是他想,如果可以每天得到"成绩单"报表,从经理的角度,岂不是会更快地得到促进和看到进步?与此同时,他还了解到现行的月报表系统有另外一些缺陷。

这两方面都让李万钧觉得中心要有更快速反应的报表系统,而当时使用的报表系统是从美国微软照搬过来的,并不适应上海中心的情况。意识到这些问题后,李万钧花了一个周末的时间写了一个具有他所期望的基础功能的报表小程序，并在当时的总裁唐骏经过工作区时展示了一下。唐骏马上意识到这些想法和小程序的价值，他鼓励李万钧完成并花了很多时间与他探讨希望看到哪些数据。

李万钧设计的报表在使用中确实达到了预期的激励员工的效果。后来，这个系统在欧洲也得到了应用。

到2001年，快速发展的微软亚太技术支持中心已有600人，工程师分布在亚洲的各个城市，每年的预算大概是1亿人民币。李万钧意识到技术中心的规模决定了财务分析的重要性越来越大，便向唐骏提出，中心需要有一个小团队对亚洲地区的技术支持业务提供专门的成本控制、财务预算方面的分析。李万钧的想法得到了唐骏的支持，他很自然的转任亚洲地区业务分析经理。之后的2002年6月，中国总部向美国总部推荐李万钧做微软总部技术支持业务的高级财务分析工作，成为整个团队中最年轻的成员。李万钧向着心中的事业开始迈向了成功的坦途。

把工作当成事业，则没有干不好的工作。让我们珍惜自己的工作，成就自己的事业，追求最大的人生乐趣，使我们无悔于社会，无悔于企业，无悔于家庭，无悔于自己。

有一句话说得好：**“今天的成就是昨天的积累，明天的成功则有赖于今天的努力。”**把工作和自己的职业生涯联系起来，把工作当成事业来做，以对自己未来的事业负责的态度来对待工作，你会容忍工作中的压力和单调，觉得自己所从事的是一份有价值、有意义的工作，并且从中可以感受到使命感和成就感，从而把工作做得优秀而卓越。

6. 兢兢业业，以卓越的态度对待每一项工作

优秀的员工就是做任何工作都能尽职尽责兢兢业业，做任何工作都有一个卓越的工作态度。

什么是卓越的工作态度？就是对待自己的工作，勤勤恳恳，兢兢业业，忠于职守，尽职尽责，也就是敬业的态度。中国古代思想提倡敬业精神，孔子称之为“执事敬”，朱熹解释敬业为“专心致志，以事其业”。

工作敬业，表面上看是为了老板，其实是为了自己，因为敬业的人能从工作中学到比别人更多的经验，而这些经验便是我们向上发展的垫脚石，就算我们以后换了地方、从事不同的行业，我们的敬业精神也必会给我们带来帮助。把敬业变成习惯的人，从事任何行业都容易成功。

肖鹏飞大学毕业后，先是在父亲开的清洁公司干活。父亲用一桶清洗液和一把钢丝刷，头顶烈日为儿子上了重要的一课：每一件工作都好比是你的签名，你的工作质量实际上等于你的名字，只要脚踏实地，埋头苦干，迟早会出人头地。他按照父亲的教导，用钢刷蘸着清洗液把砖头洗得干干净净。

后来，肖鹏飞在西南食品超市由包装工升为存货管理员，整天干着装装卸卸、摆摆放放这些细小麻烦的工作，但他始终一丝不苟、乐此不疲。有朋友屡次劝他：“别把青春耗费在这种没出息的事情上！”但他却不以为然，仍是坚守着自己的工作信条：工作无大小，干好当下每件事。朋友认为他是个大傻瓜，一辈子也干不出什么名堂来。然而，他却为自己能干好这件谁都不愿干的工作而自豪不已，而且这种认真负责的精神已经成为他的习惯了。数年后肖鹏飞脱颖而出，成为拥有8家商店、一年总营业收入达几千万的大老板。而当初劝他的朋友们却大都默默无闻。

具有敬业精神,或许不能立即给我们带来可观的好处,但可以肯定的是,如果我们养成了一种“不敬业”的不良习惯,我们的成就会相当有限。那种散漫、马虎、不负责任的做事态度会深入我们的意识与潜意识,做任何工作都是“随便做一做”,结果不问自知。

不管从事什么工作,有所投入才能有所收获。只要你还在一个工作岗位上,就应该安下心来,认真负责地完成这项工作。如果你能够养成职业的责任感,对自己的工作高度重视,你就会成为老板最信赖的人,将会被委以重任。

张明洋从一所大学本科毕业后去了一家研究所工作。那家研究所人才济济,作为一个名不见经传的小字辈,张明洋常常觉得有很大的压力。他兢兢业业地工作,不管做什么事,都会拿出全部精力投入其中。

一段时间之后,他发现这里的大部分人在上班时间也会走动聊天,很多人并不把本职工作当成正经事,还利用研究所里的设备干私活。很明显,那些人只把这里的工作当做混日子的工具而已。

张明洋并没有因为同事不认真工作而受到影响,他仍然是所有人中最努力的一位。这样的努力使得他的业务水平提高很快,不久,他就成了所长最看重的员工。所长需要什么的时候,第一个想到的总是他。时间一久,他成了所长的左膀右臂。就这样过了一段时间,他得到了提升,成为所里最年轻的副所长。

优秀并不是天生的,也不是钻营得来的,优秀靠的是脚踏实地的努力工作,优秀靠的是忠诚敬业的职业品德。养成敬业的习惯,做任何工作都能兢兢业业把它做好的人,一定是可以做到最好做到最优秀的人。反之,即使你拥有再多的才华,也不会有所成功。

史建华是一家咨询公司的员工。他受过很好的教育,才华横溢。但是他在这家公司工作很长时间了,却久久得不到提升。

原来，他工作十分散漫、马虎，从未认认真真地把一件工作完整地做好过。他整日都在消磨时间，把精力都用来思考怎样逃过一项又一项艰难的工作和应付上司的监督上。在工作时间，他虽端坐在自己的位子上，但他的心却不在此，他在想着昨晚的球赛或今晚下班后到哪里去玩。一旦工作推不过，不得不做时，他也是应付了事，根本不会考虑这样做会有什么影响，或给公司造成怎样的损失。正是因为他不把公司放在心里，没有时刻想着公司，公司也把他“遗忘”了。所以，他直到现在还在做着平凡普通的工作，把自己的一生都耽误了。

糊弄工作其实是在糊弄自己。不努力，不敬业，没有卓越的工作态度，就不可能有所成就。所以，优秀的员工做任何工作都兢兢业业、认真努力；不会推诿逃避，也不会马虎大意，更不会草率糊弄，他们总是认认真真、尽职尽责地做好每一件工作、善始善终、负责到底。所以他们身上总是标有优秀和卓越的标签。

第八章　克勤克俭　厉行节约

——优秀员工时时处处懂得为企业节俭

优秀的员工都是节俭的员工，他们做任何事情首先想到的是节俭，处处为企业省钱，时时为企业节俭，他们精打细算，不浪费一丝一毫；他们抠门吝啬，不多花一分一厘。他们把节俭当成自己的责任，任何时候都克勤克俭，厉行节约。

1. 做任何事情首先想到节俭

优秀的员工是节俭的员工，做任何事情首先想到的是节俭。因为他们总是把企业的事情当成自己的事情，把企业的利益放在首位。优秀的员工不是把节俭放在口头上的员工，而是脚踏实地为企业节约每一分钱，在所有微不足道的地方千方百计为企业"抠"，优秀的员工时时、处处都节省。

精打细算、节俭办事，是优秀员工的重要特质，而且不论大事还是小事，是一大笔钱还是一分钱。优秀的员工知道，企业经营活动是由众多小事所构成的，成本也是由众多小支出所组成的。企业只有从小事入手降低成本，才能积小利为大利，实现企业利润的增长。要想做到真正的节俭，就是要精打细算，从小事着手，从点点滴滴处节俭。优秀的员工做任何事情、不管遇到什么样的情况都首先会考虑到节俭。

广东一家服装公司要参加一次大型的展会，需要一批宣传资料。老板叫来秘书小艾，请她尽快去联系印刷厂印制宣传材料。

小艾听到吩咐后并没有马上去执行，而是对老板说："上次展会还剩下好多资料，可以用那些吗？"

老板回答："你找出来核对一下，看看内容是不是一样。"

小艾便找出资料进行核对。过了一会儿，小艾又找到老板。

"老板，我核对过了，绝大部分内容都一样，只有一个电话号码变了。"

"那就去重印吧！"经理回答道。

小艾还在想这件事，她一直都觉得可惜，这么多资料，只因为一个电话号码的改变就不能用了。重印不仅要花费一大笔钱，还要花费时间。

"难道真的没办法再用上这些资料吗?"

无意间,她看见了桌上的一份资料。这份资料是老板开会时用的,因为老板临时改变了一个数据,于是她用一个改正纸把数据改了过来。

突然,她灵机一动,那些宣传材料上的电话号码不也可以用印有新号码的不干胶纸改一下吗?只要贴得整齐,是不会影响美观的。

于是,她马上到老板办公室,向老板请示。

老板有点不放心,问:"那样能行吗?"

"我仔细点,不会影响阅读的。"

"好,你去试试吧!"

两个小时后,小艾把整理好的材料给经理过目。现在,在原先那个电话号码上,是一条不干胶,上面是一个工整的新电话号码,看起来一点也没有不协调的感觉。

老板赞扬了小艾一番,并立即开了一个小型会议。在会上,老板说:"小艾的创意非常妙,虽然节省的钱不多,但是可以看出她已经将节约当成了自己的责任,主动去想办法为公司节约,如果大家都像她那样视节约为己任,那么公司就不愁发展了。"

任何一家公司,必须依仗开源节流,以此来达到赢利的目的,在崇尚利润至上的今天,每一名员工都应有一种为公司节约的意识,只有公司赢利,员工才会赢利。

有些员工的脑海中,甚至对勤俭有一种抵触之意,甚至嘲讽,冠之以小气、吝啬等字眼,在他们的观念中,一张复印纸、一把订书机、几支签字笔算不了什么,也产生不了什么效益。说到底,不就是低值易耗品吗?听起来是很有道理的,这些东西其实值不了多少钱,偶尔地打个的士、下趟馆子、住个几星的都没什么大惊小怪的,不就是几百几千元钱吗,用了公司倒不了,不用公司也富不了……节俭其实不在于公司的大与小,也不在于公司的贫与富。有的人认为,公司大了,实力强了,没有节俭的必要了,今天节俭的与明天收益的相提并论,微乎其微。有人认为,太节俭了不好,有损企业形象,有必要同一张纸几支笔斤斤计较吗?殊不知,节俭下来的,就是利润,是钱,也是一种效益,是对企业的一种帮助。

优秀的员工无论在大企业还是小企业,无论在哪一个岗位上,都有节省意识、成本意识,爱护公物,节约财物,节俭办公,懂得省下的就是赚到的道理,知道大河有水小河满,明白省下的是公司的也是自己的。所以优秀的员工总是主动积极地去为企业节俭。

2. 优秀员工是善于节俭的员工

优秀的员工是懂得节俭、善于节俭的员工。他们不会浪费一丝一毫,更不会占企业的半丝便宜。

在很多公司员工看来,公司的资源似乎如滔滔江水一样取之不尽,用之不竭:不用白不用,不浪费白不浪费。所以,就出现了很常见的一些现象:昼夜不灭的“长明灯”、永不“下班”的饮水机、全天“待命”的电脑……。

这些浪费是完全可以避免的。据国家统计部门统计,仅仅做到正确使用空调,按每户一台空调计算,一个夏季每户就可省160多元的电费。假设某公司有5台空调,如果员工能做到正确使用的话,一个夏天就可为公司省去上千元的电费,规模再大点的公司省的就更多了。

优秀的员工不管做什么事都会想到节俭,想到省钱,千方百计地想办法,挖空心思地找出路,为企业省钱。

吴少阶、苏天荣是大唐集团下属的株洲华银火力发电有限公司灰渣班的班长和副班长,这两个人通过细心的观察和创造,运用小小的一次性塑料杯给企业每日创造了相当于一辆高档红旗轿车的效益。

在处理灰渣的过程中,要消耗很大的电量,他们就琢磨着怎么使能耗降下来。经过理论分析，他们知道，只要将灰水比提高到最经济值，提高灰水浓度，降低冲灰水量，缩短灰渣泵的运行时间，8台灰渣泵的电耗就能降下来。

要得到灰水比的最经济值，以前依赖肉眼直观观测冲灰器中灰水的浓度，显然非常粗糙，极不准确。用标有刻度的玻璃杯，取灰水时又极易破碎。他们索性弄来几个一次性塑料杯：与其用过一次扔掉，倒不如变废为宝，拿它们作为测量工具。

当公司的三台机组运行之时，每天一早，吴少阶、苏天荣两位班长将工作布置下去后，就拿着塑料杯和对讲机，开始分头蹲守125MW、310MW机组现场试验。先用塑料杯从一个冲灰器中取一满杯灰水，放平沉淀，约两分钟左右，即能测出杯底的灰与杯中水的比例。水质清，灰水浓度低，则就地关小冲灰水手动调节阀；反之，浓度大，则适当开大调节阀。根据不同的机组负荷，取水、沉淀、调节，并记录下冲灰水量等相关参数。周而复始，每天每个冲灰器大约要试验3～4次。310MW一台机组有16个冲灰器，125MW一台机组有12个冲灰器，两位班长每天奔波在几十个冲灰器之间，至少取水试验上百次。成百上千次的试验让他们欣喜地发现：冲灰水量减少，灰渣泵前池水位降低，灰渣泵的停止时间延长了，电耗肯定会降低！最终他们确定了维持灰水比、冲灰水量等最经济的运行参数和方案。方案立即在各灰渣班运行人员中严格实行，一次性塑料杯也“广为流传”，成了灰渣班员工们手中的宝贝。

经过一个多月的娴熟掌握和精细调整，灰渣班大幅下降的耗损令人刮目相看，杜绝了打清水，灰水比保持在一定此例，冲灰水量单机平均节水70t/h。仅以当月20日的数据为例：125MW机组一台机组运行，灰渣泵的电耗从25000kwh降至17000kwh，节电8000kwh；310MW机组两台机组运行，灰渣泵的电耗从12000kwh降至5000kwh，节电7000kwh。如果四台机组同时运行，平均每天可节电23000kwh，按0.32元/kwh的上网电价计算，一个月(30天)将节能创效22万元左右，正是一辆豪华红旗轿车的价格！

在微软这样一个如此有钱的公司里，比尔·盖茨还要求员工必须要处处节俭，而且他本身也在以身作则，能节约的就节约，决不浪费公司一分钱。

在微软，员工在用钱上是精打细算、锱铢必较，花钱一定讲究实效。在微软刚刚创业时，兼任微软总裁的魏兰德将自己的办公室装饰得非常豪华气派，盖茨看到后非常生气，认为魏兰德把钱花在这上面是完全没有必要的。他认为员工如果形成这种浪费的作风，将不利于微软的进一步发展。

尽管微软今天已经是一个雇用员工将近5万人的公司，但还是依然保持刚创业的样子，一直维持“创业维艰”的心态，微软的员工也都始终保持着节俭的习惯，非常懂得节俭。因此，一些人称这是微软的“饥饿哲学”。比尔·盖茨告诉他的员工：“我们赚的每一分钱都来之不易，都是我们的血汗钱，所以不应该乱花，而应该花在刀刃上。”因此盖茨在对员工提出的要求中，特意强调了员工的节俭习惯。最典型的就是，盖茨要求员工在使用纸张的时候，所有的纸都要两面用完才可以扔掉。表面看来盖茨极其吝啬，在一张纸上都要做文章，其实他这样做自有他的道理。他说：“让文员和秘书这样做，可以使公司减少支出，相对来说，为公司增利润，还可以培养员工的节俭和成本意识。”

比尔·盖茨不仅要求员工节俭，同时他自己也是一个非常节俭的人。有一次，他到台湾去演讲，下飞机后，他就让随从去下榻的宾馆订了一个价格便宜的标准间。很多人得知此事后，大惑不解。在比尔·盖茨的演讲会上，有人当面向他提出了这个问题:“您已是世界上最富有的人了,为什么还要在房间上斤斤计较呢?为什么不住总统套房呢?”

比尔·盖茨回答说:“虽然我明天才离开台湾,今天要在宾馆里过夜,但我的约会已经排满了,真正能在宾馆的房间里所待的时间也许不超过两个小时,我又何必浪费钱去订总统套房呢?”

盖茨这么做,并不是因为他“抠门”,而是他节俭。这些年他为慈善机构捐款达几亿美元。

正是在比尔·盖茨的言传身教下,微软的每一位员工,都在心底生成了这样一个价值判断标准——**节俭是一种美德,浪费是一种耻辱。**同时,“节俭”已经是微软要求员工必备的美德和对员工所提出的基本要求。

其实每一个员工,在你准备进入一个企业工作的时候,都应该在工作和生活中提高成本意识,养成为公司节约每一分钱的习惯。节俭实际上也是为公司赚钱。

无论公司是大是小,是富是穷,使用公物都要节省节俭,员工出差办事,也绝对不能铺张浪费。节约一分钱,等于为公司赚了一分钱。因为就像富兰克林说的一样:“注意小笔开支,因为小漏洞能使大船沉没。”所以不该浪费的一分也不能浪费。

事实上,一个具有成本意识、处处维护公司利益的人也是老板愿意接受的人,是员工的榜样。

3. 从点点滴滴处为企业节约

不管是一张纸、一滴水、一度电、一分钱,优秀的员工都会节约。优秀的员工不会认为这是“寒酸”、“小气”,或是“吝啬”,不会把这当成一件小事而不屑一顾,这是一种光荣,这是一种精神,也是一种品质,优秀的员工是我们的榜样。

在商业竞争日趋激烈的当下，每一家企业都自觉或不自觉地把节约作为自己的追求，因为所有人都懂得，只有节约才能成为永远的赢家。

作为世界最大的零售企业，沃尔玛连锁超市的销售额年年突飞猛进。发展到今天，沃尔玛已经拥有了数千家连锁店，遍布在全球很多国家和地区。在美国《财富》杂志每年一次的全球500强排名中，沃尔玛已连续多年荣登榜首了。而沃尔玛之所以飞速发展的一个重要原因，就是沃尔玛员工的节俭意识和节俭行动。

在沃尔玛，上至总裁沃顿，下至每一个普通的员工，都是节俭省钱的高手。沃尔玛所有的员工都从来不使用专门的复印纸，而是统一使用废纸的背面，每一张纸都必须双面使用，违者将会受到处罚，就连沃尔玛的工作记录本，都是用废纸裁成的。公司为员工准备有免费纯净水，但从不准备纸杯；有的店在员工餐厅配有电话——当然是投币电话；在大部分连锁店内，专供员工使用的洗手间里根本没有卷纸，更不会有香皂，员工们用来洗手的通常都是部门不能销售的洗手液、沐浴露，甚至洗衣粉。就连沃尔玛的名字，体现的也是整个企业的节约精神。

通常而言，美国人大都比较习惯用创业者的姓氏来为企业命名，按这一惯例，沃尔玛连锁店的名字本应叫“沃尔顿玛特”(Walton-Mart)，但创始沃尔顿在为公司确定名字的时候，把制作霓虹灯、广告牌和电气照明的成本全都合计了一遍，他认为省掉“ton”三个字母能节约不少钱，于是就只保留下了“Walmart”七个字母。这七个字母，不仅成为了这所著名企业的名称，也是创业者节俭品德的最好见证。沃尔玛中国总店的管理者们对创始人沃尔顿先生的本意心领神会，他们没有把“Walmart”译成“沃尔玛特”，而是巧妙地译成了“沃尔玛”，看起来只是省了一个字，却把握了沃尔顿先生的节俭精神内核，的确为人称道。如果全球数千家沃尔玛连锁店全都节省一个字，那么整个沃尔玛公司在店名、广告、霓虹灯方面就会节省一笔不菲的开支。

在沃尔玛，节俭精神已经上行下效，蔚然成风。有人曾问沃尔顿为什么能成为最富有的人，以及该如何经营企业，他说道："答案非常简单，因为我们珍视每1美元的价值。我们的存在是为顾客提供价值，这意味着除了提供优质服务之外，我们还必须为他们省钱。我们不能愚蠢地浪费掉任何1美元，因为那都出自我们顾客的钱包。每当我们为顾客节约了1美元时，那就使我们自己在竞争中领先了一步。这就是我们永远要做的。"

如今，沃尔顿的这句话已成为沃尔玛公司的一条"铁律"。沃尔玛也成为企业节俭的典范，沃尔玛的员工更是人人都懂节俭、个个都会节俭的优秀员工。

其实不仅仅是沃尔玛，在商业竞争日趋激烈而商业利润却日趋微薄的当下，每一家企业都自觉或不自觉地把节约作为自己的追求。因为所有人都懂得，唯有节约，才有节余；唯有节约，才有利润；唯有节约，才能成为最后的赢家。

作为一名员工，作为企业的一分子，我们也应当向沃尔玛的员工学习，把节俭精神贯穿到每一件工作中去，在日常小事中开始节俭，从一点一滴处为企业节俭，从节约一张纸、一滴水、一度电开始。比如，平时必须用空调时，可根据电表校验规定的温度合理设定空调，下班前关闭空调；冬季不使用移动式采暖设备；白天应充分利用自然光照；合理使用电脑等设备，不使用时应及时关闭其电源；杜绝"长流水"，加强水的循环利用和重复利用等。其实做到节约很简单，如果你留意向优秀的员工学习，时时讲节约、事事讲节俭，从点滴做起，形成勤俭的好习惯后，节约就会成为你的生活态度，你也会成为一个优秀的员工。

其实生活工作中，有很多的小事都是举手即可完成的。例如：

(1)节约每一度电,做到随手关灯,人走灯灭;人走电器关;电脑不用时将它调至休眠状态或关掉;早晨办公室光线太暗,可打开灯,此时开灯可以提高工作效率,对眼睛又起到了保护作用;中午太阳升起来了,屋内光线充足的时候,注意及时关灯。

一天忙完后,不能让电脑处在待机状态,应该正常关机,断掉电源。饮水机在烧开水后,会处于待机保温状态,此时可断电。

空调的设定温度每降低1℃,耗电量就会相应增加10%。一般来说,既省电又降温的最佳温度是26℃。夏季办公楼空调温度应介于26℃~28℃,因为温度在这个范围内,既能保持人体机能的正常水平,又能达到最佳的省电效果。

使用空调时关好门窗,午休或者办公室无人时,尽量关闭空调。这是节能的最直接有效的办法。

(2)节约每一滴水,水龙头用后及时关闭,及时修理水管水箱,杜绝滴漏水的现象。

水的浪费可谓惊人,水资源往往就在"指尖"流走。一个关不紧的水龙头,即使是细小的滴流,一个月也可以流掉6立方米的水。此外,地下管道的暗漏更是惊人,多数用水单位内部都有暗漏的发生,个别单位的每月漏水量甚至可达万吨以上,其浪费触目惊心。

至于节水,可谓良方颇多。比如,马桶应安装可随手控制出水量的马桶配件,大便、小便冲洗不同的水量,可节水50%以上;未采用节水配件的普通马桶,可在水箱中放入2块砖或将浮球杆向下弯15度,可减少水箱的储水量,进而减少每次冲水量;不要把烟灰、剩饭、废纸等倒入马桶用水冲。

还有,比如在刷牙时,如果让水龙头开着2分钟,则要浪费掉18升左右的水,而如果用3杯水漱口,只需要0.6升水。

(3)节约每一个电话,不用公司电话聊天、谈私事;提高打电话的效率。打电话时最好在拿起话筒前拟一份简明的通话提纲,重要内容一字不差地写在提纲上。这样做有利于保证通话内容的准确、完整、精练,节省通话时间和提高通话效率。

(4)节约每一张纸,复印纸、公文纸统一保管,按需领取,节约使用,尽可能双面打印或复印,公共卫厕使用的卫生卷纸勤俭节约,禁止盗拿;要在办公中节约大量纸张。平时工作所必需的表格等,最好改成双面打印,这样就可节省一半的纸张。缩小页边距和行间距、缩小字号。在非正式文件里,可适当缩小页边距和行间距,缩小字号。可“上顶天,下连地,两边够齐”,对于字号,以看清为宜,能用五号字的不用小四号字,能用小四号字的不用四号字。在打印时,能不加粗、不用黑体的就尽量不用,也能节省墨粉和硒鼓。在工作中,要充分利用好办公自动化系统,大力推进无纸化办公,能用电脑网络传递的文件尽量在网络传递,能不打印就使用电脑、U盘。

(5)不要把公司的办公用品私自拿回家据为己有;把平时习惯丢掉的纸张捡起来,看看是否还能够派上其他用场。

当然,节约成本远不止表现在以上几个方面,还需要在工作中多多留心。坚持少花钱多办事,会议、接待、招待等尽量从简和节约,不该花的钱不花,能少花的钱不多花,不必要办的事不办,可勤俭办的事不铺张办。一名优秀的员工就是要在点点滴滴之间节俭,不放过能够节俭下来的每一分钱。

4. 优秀员工是精打细算的“抠门”高手

思科公司董事长约翰·摩格里奇所说:“花思科的钱就像花自己的钱一样!”这句话已经被众多的企业奉为花钱的准则和员工的纪律。思科公司也是“抠门”的典范。

思科从总裁约翰·摩格里奇到最基层的员工,都是“抠门”的人,但他们都是在为企业抠门,为企业节俭,为企业省下每一分钱。一直以来,思科都很重视培养员工自觉地为企业节俭,告诉他们为企业节约就是在为自己节约,通过提高员工的节俭意识,来培养他们的节俭精神。思科从节俭中创下的惊人利润是每一个思科员工"抠"出来的,思科的员工为此感到骄傲,感到自豪,感到光荣。为企业节约不怕抠,怕的是不抠,那样才会带来浪费和损失,才是真正对企业小气。

当然,思科的"抠门"并不是没有原则没有目的的"死抠",比如在技术投资上,思科从来都是该花则花,一点都不小气。即使是在行业不景气的2003年,思科仍将33亿美元资金投入到技术研发中。在员工培训方面,公司也毫不吝啬,一投就是上百万美元。当花则花,当省必省,一切只为企业发展,这是思科花钱的原则,也是思科员工奉行的节俭准则——节俭光荣,能抠就抠;浪费可耻,该花还花。

思科的这一理念得到了众多拥趸者。有"大陆第一抠"之称的蒙牛集团老总牛根生就是这样一位以节俭为准则的企业家。

在网上,有一份有趣的"中国十大抠门富豪"的排行榜单受到众多网民的追捧。这个抠门榜单面向全球华人富豪,有趣的是,最抠门的前三个人正好代表了"两岸三地":王永庆排第一,李嘉诚排第二,牛根生排第三。这样,从地域角度看,蒙牛集团董事长牛根生就成了"大陆第一抠"。

说牛根生是"大陆第一抠",大概并不为过。他是老板,但工资一直比副手拿得少,手下坐的是奔驰、宝马、沃尔沃,而他坐的还是小排量的奥迪;多年来,妻子持家的用度是3000元/月,超额了,月底要向他报账,确属合理才予"报销",否则,自己在各月中平衡;他戴的是18元钱的"蒙牛领带",上面有绿色的草原,蒙古包,奶牛,以及蒙牛的LOGO;在员工餐厅,他常用一碗面条、一小碟咸菜打发午餐;每次到北京出差,都住在蒙牛北京办事处,办事处的沙发都有些塌陷……。

但牛根生却对自己得到"第一抠"的美誉颇为自豪。牛根生说："抠门才叫企业家，不抠门就不是真正意义上的企业家。企业家是社会财富的'守门人'，该花的钱不花，那叫缺位；不该花的钱乱花，那叫越位；把钱花在刀刃上，那才叫责任。抠门才能真正把钱花在刀刃上，负起自己的责任。"

牛根生是一位老板，是千万富翁，却依然以"抠门"为荣，以节俭为荣，作为一名普通的员工，当然更需要这种抠门的精神，更应当做一名精打细算的抠门高手，节俭精英。这才是企业的顶梁柱，老板的优秀员工。

所有的老板，无论生活中的老板本人是多么的大方豪爽，都喜欢能够为企业省钱的员工，而所有优秀的员工，也都会为企业着想，总是在工作中厉行节俭。所以，作为一名员工，要想得到老板的信赖和重用，就必须踏实认真地工作，处处为企业着想，事事为老板省钱。这样的员工，刚开始可能还不太被同事们理解，但久而久之，他们不仅是同事们的典范，还会引领和发起一种新的节俭的企业文化，让企业和员工都受用不尽，这样的员工，难道是小气的员工吗？这恰恰是大气，是为企业抠、为企业省、培养企业节俭文化的一种大气。

曾在加拿大留学的王媛毕业后在北京一家文化公司工作。刚进公司的时候，同事们对她都挺热情的，但没过多久，大家都发现她有个"毛病"：她经常关掉办公室里用不着的电灯；她起草文件所用的纸都是已经用过一面的，并且还经常提醒身边的同事也要这样做；她总是自备水杯和筷子，从来不用公司的一次性纸杯和筷子；她连餐具都是自己准备的，而且她从来不吃用泡沫塑料饭盒装的盒饭。

很多同事都认为她根本没有必要这样，也有点儿受不了她。后来，有人忍不住把她的这些"毛病"告诉了公司老总。同事们满心期待老总会使用什么办法来制止王媛的"毛病"，可没想到老总在把王媛找去谈了一次话后，就什么也不提了。最出乎大家意料的是，在两周后的公司例会上，王媛的那些原本被同事们看成"毛病"的行为，竟然被老总写入了公司制度，要求每位员工按制度执行。同事们有些目瞪口呆了。他们开始理解王媛是在新制度施行一个月后，因为他们发现当月的办公费用竟然比上个月少了很多。此后，节俭成为这个公司最受同行推崇的企业文化。

优秀的员工大多都是这样处处为企业着想、勤俭节约、为企业抠门的人。优秀的员工花公司的每一分钱都会精打细算，斤斤计较。不管是出差办事，还是招待接待，或者开会办活动，都是如此。

香港有一家公司为了开拓内地市场，经常要往来于内地各个城市，出差非常频繁，有时候一周要来往四个城市。总经理非常节俭，倡导用办小企业克俭克勤的理念来办大企业。以出差为例，他通常只坐二等舱；当天能办完的事都会做到办完事后连夜返回，为的是省下一天的住宿费；不到万不得已，他是绝对不会住高级宾馆的。

看到总经理都这么做了，所有的员工也都特别受鼓舞。负责华东和华南地区的副总经理，每次到北京出差，都是到朋友家凑合一下，连住宿费都省了。

在培养员工勤俭节约的问题上，英国爱普生公司的总裁曾这样说，"有时候，节省下来的钱并没有很多，但这样做却能够帮助员工树立朴素求真的观念与作风，而这一点对一个大公司来说是非常重要的"。

优秀员工节省出差费用的方法可以借鉴：

1.能不出差就不出差；

2.能坐经济舱就不要坐头等舱；

3.高效利用差旅时间；

4.合理搭配出差人员；

5.利用一切优惠预订宾馆。

除了出差要节省开支，平时的接待也需要抑奢崇俭，免除浪费。

在企业里也有一些人，借着可以报销的权力大吃大喝，丝毫不顾及费用和影响。公费吃喝之风给公司造成了沉重的负担和重大的经济损失。这些行为都是现代企业员工的通病，也是各个老板和正直人士最看不惯的一种浪费现象。也是员工们最不能做的事，这样的员工，是绝不会得到重用的。

优秀的员工都是“抠门”的高手，都是为企业精打细算的“铁公鸡”，也是企业最欢迎的人。因为企业最不怕员工“抠”，最怕的恰恰是“不抠”，是大手大脚、挥霍浪费。所以，要成为一名优秀的员工，就先从“抠门”做起吧。

5.优秀员工连时间也不会浪费一分一秒

一名员工要高效率地完成工作，就必须善于利用自己的时间。能否对时间进行有效的管理，直接关系到员工工作效率的高低。时间是有限的，不合理地使用时间，计划再好、目标再高、能力再强，也不会产生好结果。浪费时间就等于浪费企业的财富。

在富兰克林报社前面的书店里，一位浏览了将近一个小时的男青年，终于向店员开口问道：“这本书多少钱?”

“1美元。”店员回答。

“1美元!”男青年又问，“你能不能少要点?”

“它的价格就是1美元。”

这位男青年又看了一会儿书，然后问：“富兰克林先生在吗?”

“在，”店员回答，“他在印刷室忙着呢。”

“那好，我想见到他。”这个青年坚持一定要见富兰克林。

于是，富兰克林被找了出来。

这位男青年问道：“富兰克林先生，这本书你能出的最低价格是多少?"

"1 美元 25 分。"富兰克林不假思索地回答。

"1 美元 25 分? 你的店员刚才不是还说 1 美元吗? …""这没错,"富兰克林说,"但是,我情愿给你 1 美元也不愿意离开我的工作岗位。"

这位男青年惊异了,心想算了,结束这场由自己引起的争论吧。

他说:"好吧,你说这本书最少要多少钱吧?"

"1 美元 50 分。"

"怎么又变成 1 美元 50 分啦? 你刚才还说 1 美元 25 分呢!"

"对。"富兰克林平静地说,"我现在能出的最好价钱就是 1 美元 50 分。"

这位男青年默默地把钱放到柜台上,拿起书正要离开的时候,富兰克林叫住了他,说:"我可以给你写几个字吗?"

男青年高头地说:"太好了!"

这位美国历史上著名的科学家,在书的扉页写下了广为流传的两句名言:"时间就是生命,时间就是金钱。"然后,签上了自己的名字。

男青年感激地说:"谢谢! 这是我终生难忘的一课。"他明白,富兰克林并不是想多卖几十美分,而是告诉他,不要在微末细节上耗费宝贵时间。

金钱可以储蓄,知识可以积累,时间却是转瞬即逝,不可保留的。工作要有高效率,就要有时间管理的意识。只有善于掌控时间,才能摆脱忙碌紧张的状态,使工作高效有序地进行,在最短的时间里创造出最好的业绩。

有效管理时间,首先要明确工作的主次。没有工作计划是浪费时间的首要原因。不要把时间浪费在毫无意义的事情上。

被人们称为时间管理大师的哈林·史密斯曾经提出“神奇三小时”的概念。他鼓励人们自觉地早睡早起，第天早上5点起床，这样可以比别人更早开始新的一天，在时间上就能跑到别人的前面。利用每天早上5～8时的“神奇三小时”，你可不受任何人和事的干扰，做一些自己想做的事。每天早起3小时就是在与时间竞争，养成早起的习惯，会受益无穷。

美国著名保险推销员弗兰克·贝格特自创了“一分钟守则”，他要求客户给予自己一分钟的时间介绍自己的工作服务项目。一分钟一到，他自动停止自己的话题，谢谢对方给予他一分钟的时间。信守一分钟的承诺，既保住了自己的尊严，也没有减少别人对自己的兴趣，还让对方珍惜他这一分钟的服务。

有一家公司的老板为了提高开会的效率，买了一个闹钟，开会时每个人只准发言8分钟。这个措施不但使开会颇有效率，也让员工分外珍惜开会的时间，把握发言时间。

时间是由分秒组成的，用“秒”来计算时间的人，会比用“分”计算时间的人更懂得如何利用一分钟，优秀的员工分秒必争。

日立公司在开展节约运动时曾提出“一分钟在日立应看成8万分钟”的口号，意思是说，一个人浪费一分钟，日立公司的8万多名员工就要浪费8万多分钟；按每人每天8小时计算，8万分钟就相当于一个人劳动166天。每个人浪费一点，累计起来就会给整个公司带来巨大浪费。日立公司的最高领导人和广大员工都尽可能地节省每一秒钟的时间。员工强烈的时间观念和效率意识，是日立公司迅速成为日本家电行业的前三强的原因之一。

会不会利用时间，不是单纯地看在工作时间内是不是忙个不停。一些员工从早忙到晚，不但工作时间忙个不停，而且经常加班加点。表面上看，他们好像很努力，很会利用时间，但事实上并不一定如此。很多从早到晚忙个不停的员工的工作业绩并不突出，这是为什么呢？就是因为他们每天都在"瞎忙"。有效地利用时间绝对不是"瞎忙"，而是高效率地利用时间，使每一分、每一秒都产生最大的效益。

时间管理是现代人必备的一项工作技能，是一个人提高工作效率最有效的武器。一个员工，是否有效率，能否圆满完成任务，让老板满意，在很大程度上取决于他能否合理地管理和利用好自己的时间，在同样的时间内比别人做更多的事。

有人也许会说，时间管理只是一种形式而已，再怎么管理，不就是那24小时吗？其实，这是对时间管理的一种误解。时间管理主要是制订科学的工作方法，避免不必要的时间浪费，从而提高时间利用率。当你的时间利用率提高了，你每天能做的事情多了，不就多出几个小时了吗？

某部门主管因患心脏病，遵照医生嘱咐每天只上班三四个小时。他很惊奇地发现，这三四个小时所做的事在质和量方面与以往每天花费八九个钟头所做的事几乎没有两样。他所能提供的唯一解释便是：他的工作时间既然被迫缩短，他只好做出最合理有效的时间安排。这或许是他得以持护工作效能与提高工作效率的主要原因。

由此可见，做好时间管理，合理利用自己的时间，是提高工作效率、提升工作价值的重要方法。

所以，时间管理学对于我们每个人都是有实用价值的，可以让你的生活更加惬意美好。做任何事情都要有计划，分出轻重缓急，然后全力以赴地行动，这样才能成功。

企业最欢迎这样的员工：他们永远准时，从不忘记要办的事情；总是能够按事先计划的步骤，如期甚至提前完成工作；事事都办得很完美。他们并没有超常的能力，他们只是懂得管理时间的技巧与方法而已。

一家大公司的董事长就是一个高效利用时间的能手。他每天清晨6点准时来到办公室，先是默读15分钟经营管理哲学的书籍；然后便全神贯注地思考本年度内必须完成的重要工作，以及所需采取的措施和必要的制度建设；接着开始考虑一天的工作，这是一项十分重要的工作。他把当天要做的事情一一列在黑板上，之后就去餐厅与秘书一起喝咖啡，并把这些考虑好的事情商量一番，然后做出决定，由秘书具体操办。他的时间管理方法，极大地提高了自己的工作效率，并因此推动了企业整体绩效的提高。

一个惜时的员工也是一个高效的员工，因为他不会让自己的工作时间白白流逝，更不会在上班时间里闲聊或是干私事，他会抓住点点滴滴的时间进行工作，不让自己闲下来，工作中的时间就不会再紧张，即使是一些平时做不完的工作也能够顺利地做完，并能从中得到很大的收获。

所以，惜时的员工也一定是一个优秀的员工，一个有成绩的员工，这样的员工，正是企业想要的员工。

6. 把节约当成自己的本分和职责

为公司节约每一分钱是公司对每一位员工的基本要求，也是员工的责任，要想成为一名优秀的员工就应该视节俭为己任。

每一位对公司有责任感的员工都会把公司当成自己的家一样，会尽最大努力完成自己的每一项工作，做到极少的浪费，甚至不浪费，小心地使用公司的设备和服务设施，主动自发地去改造设备和创新工艺，为公司节约每一分钱，这样的员工当然是容易得到重用和提升的员工。

有一个年轻人在国内某汽车制造公司工作，他是焊接工，所做的工作就是焊接车底盘的部件。整个车间是流水作业，车底盘由传送带自动输送，在他这道工序要停留 5 分钟，他必须在 5 分钟内用 6 根焊条焊接完全部部件。公司一直为自己的自动生产线而感到自豪，以为省工省料。而他却认为在他这道工序上还可以再改进,可以再节省一些。他每天观察自动生产线的传送,计算焊条的用量,并思考改进的办法。

经过长期的观察和计算,他突然想到:假如能将焊接点击次数减少,是不是能节省点成本呢?于是,他经过一番思考和钻研,终于找到一种比原来少点击7次的焊接方式。每个底盘少点击7次,看上去微不足道,但一天下来仅他一个岗位就可以节约3根焊条,整个车间一天便可以节约300条焊条。

他的改造十分完美,公司给了他很高的评价,也给予了他相应的奖励。不久后,他得到了公司董事会的关注,很快在公司里得到了提升。

对于企业能否节约成本以及能够将成本降低到何种程度,员工有着很大的决定权。如果没有一种视节约为己任的态度,企业的节俭肯定会大打折扣。当一名员工尽自己最大的努力完成自己的每一项工作时,无论是开动一台机器,还是进行一次服务,小心地使用设备和办公用品,高效地利用好自己的时间,都对降低成本起到了很大的作用。每一个视节约为己任的员工都会在这样的小事上用心负责地做到节俭。

很多公司不缺少能干的职员,缺少的是那种为公司节约每一分钱,与公司共命运、视为公司节约为己任的人。任何时候,公司都会重用那些愿意为公司节约的人,这样的员工,也是企业的优秀员工。

多节约一分钱,要比多赚一分钱容易得多,这是所有的企业老板都明白的道理。所以能为企业省钱、为老板节俭、勤恳工作的员工,不管到哪里都是最受欢迎的员工,不管在哪里他们都会有所作为,有所建树。

节俭的员工在哪里都会受到欢迎,因为节俭的员工是集忠诚、敬业、负责于一身的好员工,他们对企业无限忠诚,对工作认真负责,对财物珍惜爱护,处处为企业着想,时时为企业节俭,哪一个老板不喜欢这样的员工呢?这样的员工当然可以青云直上,可以委以重任。

36岁的张杰如今是一家公司的副总裁,他的勤俭成就了他。

在进入这家公司之前,张杰用了很长一段时间来学习和研究如何让这家公司省钱,怎样才能用最低的价格为公司买到所需的货物。当时,他的工作就是在采购部门负责采购,他得到这个职位后就开始认真努力地工作,使出浑身解数设法找到那些供货价格最低的供应商。他的工作也许无需特别的专业技术知识,但他却全心全意地为公司着想,为公司节约了很多资金,这一切是众所周知的。张杰 29 岁时,被指定为公司采购定期使用的约近一半的商品,这一年,他就为公司节省了 100 多万。这件事被公司的副总经理知道后,他立即就为张杰涨了工资。张杰勤奋努力的敬业精神与节俭成本的意识得到高级主管的认可。张杰在 36 岁的时候,年薪已超过 10 万,并荣升为该公司负责采购的副总。

优秀的员工就是这样的,在事业上拼搏进取,在工作上吃苦耐劳,自觉克服贪图安逸、追求享受的思想,忠诚、敬业、负责,自觉主动地为企业省钱,为企业节俭。这既是企业发展的需要,也是每位员工立身做人的需要。

会为公司省钱的员工,大都有一个显著的特点,那就是他们在办事时总是认真思考,怎样才能花最少的钱把事情办成,把工作做好。不愿意认真思考的员工,通常会对任何事都抱无所谓的态度,总认为多花一点钱或少花一点钱无伤大雅,这样的工作态度最容易造成无谓的浪费。

在工作中认真思考怎样才能更节约的员工,总是非常在乎正在做的事情的结果和效果,总是能少花一分钱就少花一分钱,一丁点儿的浪费都会让他们感到自责。这样的员工在工作中也会持有一丝不苟的认真态度,从而避免给企业带来浪费。老板当然明白这一点,所以他只会聘用和重用工作态度认真、总是千方百计为企业省钱的节俭型员工。

小张和小王两个人到某企业应聘,过五关斩六将后,两个人都顺利地进入了最后的复试阶段。招聘企业的经理交给小张一项任务，让他去指定的一家超市买一盒钢笔。那家超市到企业只有一站路，招聘经理建议他乘公交车去，自己买车票，回来凭车票报账。没过多久，经理似乎忘记了一件事，又吩咐小王去同一家超市买10本记事本。很快，他们两人都回来了，到经理面前报账：小张除了买钢笔的钱，来回车费是两元；而小王除了买记事本的钱，来回车费是四元。

原来，时值三伏天，温度高、天气热，小张坐的是普通公交车，票价是一元，而小王坐的是空调公交车，票价是两元。所以，小张的车票钱和小王的车票钱相差了一倍。很显然，录取的肯定是小张。

所以，为了自己的职业之树长青，每一位员工，都应该在工作和生活中提高节俭意识，养成为公司节省每一分钱的好习惯。会为企业省钱的员工，本身就是公司的一笔财富，这样的员工无论走到哪里，都会受到企业的青睐和老板的欢迎。

为企业“节约一滴水”、“节约一度电”、“节约一滴油”、“节约一支笔”、“节约一张纸”、“节约一分钟话费”、“节约一个零件”，时时刻刻把节俭记在心上，握在手上，表现在成果上，你做到这些，早已超越优秀，成为企业最为倚重的员工了，当然不用担心还要在寻找工作的路上奔波了，你就是企业想要的员工，企业最优秀的员工，你想走企业都舍不得，又如何会炒你呢？

第九章　懂得感恩　善于合作

——优秀员工善于和同事真诚合作

优秀员工总是乐于合作、善于合作的员工。因为他们懂得合作的重要，知道1＋1＞2和团队的力量永远大于个人力量的道理，明白没有全能的个人，只有完美的团队。他们积极融入团队，努力奉献团队，甘心让他人变得伟大，使团队变得强大，在团队的成功中享受自己的甜蜜。

1. 懂得感恩，以感恩之心对待每一个人

感恩是一种美德，是一种境界，是滴水之恩的宝贵，是涌泉相报的真诚，更是让世界和谐、让人间温暖的智慧。感恩可以消解内心所有积怨，感恩可以涤荡世间一切尘埃，感恩是一种歌唱方式，可以让人世间到处充满爱。

一个生活贫困的男孩为了积攒学费，挨家挨户地推销商品。

傍晚时，他感到疲惫万分，饥饿难挨，而他推销的却很不顺利，以至他有些绝望。这时，他敲开一扇门，希望主人能给他一杯水。开门的是一位美丽的年轻女子，她却给了他一杯浓浓的热牛奶，令男孩感激万分。

许多年后，男孩成了一位著名的外科大夫。一位患病的妇女，因为病情严重，当地的大夫都束手无策，便被转到了那位著名的外科大夫所在的医院。外科大夫为妇女做完手术后，惊喜地发现那位妇女正是多年前，在他饥寒交迫时，热情地递给他一杯热牛奶的年轻女子，当年正是那杯热奶使他又鼓足了信心，勇敢地前行，才终于有今天的成就。

结果，当一直为昂贵的手术费发愁的那位妇女硬着头皮办理出院手续时，在手术费用单上看到的是这样七个字：手术费：一杯牛奶。那位昔日美丽又年轻的女子没有看懂那几个字，她早已不再记得那个男孩和那杯热牛奶。然而，这又有什么关系呢？

感恩是一种处世哲学，感恩更是一种生活的大智慧。懂得感恩的人，心中更柔软，行为更恭敬，他会把别人的关爱牢记心中，却用忘我的关爱回报给别人。懂得了感恩，学会了感恩，每个人便都会拥有无边的快乐和

幸福，人间处处充满温情。

他是来城市打工的农村青年，专门负责给客户装塑钢窗户。一整天，他都闷头干活，也不说话，一直干到很晚。见他那么老实，客户留他吃晚饭。他很拘谨，连菜也不敢夹，女主人热情地招呼他，就像对一个远道而来的客人，男主人则递烟给他，与他扯家常。

原来，他是考上大学的人，而那年他的弟弟也考上了县城的重点高中，家里太穷，负担不起两个人，他只好放弃了学业外出打工。如今，他娶妻生子安心做了农民。大家听了，不甚唏嘘。女主人想得实际而周到，翻拣出自己孩子淘汰的旧衣物还有洗衣粉等洗涤用品，装了满满半袋子送给他。他涨红了脸，推辞着不肯收。女主人说，这都是我们不用的，闲放着也是闲放着，给你就拿着，回去也好帮衬媳妇过日子。他低头接过袋子，连句道谢的话都没有，就走了。

日子一天天过去，这家人很快忘记了这件事。

半年后的一天，有人敲门。女主人开门一看，一个农村打扮、背着口袋的青年站在门口，不认得他。他说，是我啊，给你家装窗户的。女主人忙招呼他进门，他拘束地坐在沙发上，搓着手缓缓地说，麦收的时候，他回了一趟家，说起我们帮他的事，全家人都很高兴。他们想表示对我们的感谢，却找不出合适的办法。家里人商量了好久，最后他娘说把家里新打的粮食拣好的带上点，让我们尝尝鲜。那口袋里是新收的小米、黄豆、绿豆，还有新玉米面。

青年人放下东西，走了。这家人却为这意外的结果，惊喜不已。原来有一颗感恩的心，会这样让人高兴啊。

懂得感恩的人也是善良的、温和的，是深得大家欢迎的人。我们常常发现,这是因为优秀的员工往往也是深受大家欢迎的、有着良好人际关系和善于合作的员工。优秀的员工都有一颗感恩的心,总是带着一种感恩的心去工作,因而他们能与每一个同事都和谐相处。

哈佛大学毕业的华裔张小姐就业于美国邮政服务公司,与她相处过的同事都对她的微笑、善良和勤劳有深刻的印象。几乎每一个和她相处过的人都成为她的朋友。有人不解,就问张小姐有什么和人相处的秘诀。

张小姐微笑着说:"一切应该归功于我的父亲,在我很小的时候他就教导我,对周围任何人的赋予,都应该抱有感恩的心情,永远铭记,而尽快去忘记那些不快。

"我幸运地获得了这份工作,有很多友善的同事,上司对我的要求很严格,但是私人生活方面对我却很照顾,所有的这一切,我都铭记在心,对他们心存感激。

"一直带着这种感激的态度去工作,很快我就发现,一切都美好起来,一些不快也很快过去。我工作得很顺利,大家都很乐意帮助我。"

是的,同事更愿意帮助那些知恩图报的人,领导也更愿意提携那些一直对公司抱有感恩心情的员工,因为这些员工更容易相处,对工作更热情,对公司更忠诚,自己也因此而更优秀。

张国辉是美国奥美广告公司的一名设计师,有一次被公司总部安排前往日本工作。与美国轻松、自由的工作氛围相比,日本的工作环境显得更紧张、严肃,这让张国辉很不适应。

"这边简直糟透了,我就像一条放在死海里的鱼,连呼吸都困难!"张国辉向上司抱怨。上司是一位在日本工作多年的美国人,他完全能理解张国辉的感受。

"我教你一个简单的方法,每天至少说 40 遍'我很感激'或者‘谢谢你’，记住，要面带微笑，发自内心。”

张国辉抱着试试看的态度，一开始还觉得很别扭，要知道“刻意地发自内心”可不是件容易的事情。

可是几天下来，张国辉觉得周围的同事似乎友善了许多，而且自己在说“谢谢你”的时候也越来越自然，因为感激已经像种子一样在他心里悄悄发芽。渐渐地，张国辉发现周围的事情并不像自己原来想象的那么糟糕。

到最后，张国辉发现在日本工作也是一件让人愉快的事情了！

是感恩的态度改变了这一切！

“谢谢你！”“我很感激！”当你微笑而真诚地把这些话说出去之后，在你自己和别人的心里就已经埋下了快乐的种子，而**快乐是比任何物质奖励都宝贵的礼物**！

当你带着感恩的心情去工作时，你的态度无疑会是快乐而积极的！

在日本“推销之神”原一平的奋斗史中，最受人们推崇的是“三恩主义”，即社恩、佛恩和客恩。

作为日本保险业的“推销之神”，原一平并没有傲慢自大，反而谦恭为怀，时时刻刻感谢公司的栽培，认为没有公司提供的平台，就没有他今日的成就，因此他十分尊敬公司，连晚上睡觉都不敢把脚朝向公司的方向。这就是社恩。原一平认为自己的成功，除了自己的刻苦奋斗之外，丰田董事长的知遇和栽培功不可没。不过，他内心里最感谢的是启蒙恩师吉田胜逞法师、伊藤道海法师，没有他们的一语道破及指点迷津，或许他还只是一名普通的推销员。这就是佛恩。他对参加保险的客户以及周围合作的同事心怀感激，这就是客恩。原一平自称，他的所得除10%留为己用外，其余皆回馈给公司及客户。由于对公司怀着感恩

之心，原一平处处为公司的利益着想，为客户提供无微不至的服务，从而提升了自己的能力，得到上司和客户的回赠，登上了事业的高峰。

感恩，让我们的心柔软而温暖；感恩，让我们理性而智慧。懂得感恩的人生是富裕的人生。它是一种深刻的感受，能够增强个人的魅力，开启神奇的力量之门，发掘出无穷的智能。

感恩和成功是近亲。时常怀有感恩之心，你会变得更谦和、可敬且高尚。每天用几分钟时间，为自己能有幸成为公司的一员而感恩，为自己能遇到这样一位老板而感恩。以感恩的心态来对待工作，工作对你来说，就是一种自动自发的行为，有了这样一种可贵的职业精神，在任何时候都不难获得成功。

优秀的员工都是懂得感恩的人，他们对每一个人都怀有感激之心，因而他们对每一个人都宽容真诚、坦诚相待，他们最懂得感激自己的同事，感恩自己的老板，因而能与同事真诚合作，与老板和谐相处，从而让自己也越来越优秀。

2. 主动合作，积极地融入团队中去

作为一个团队中的个体，只有把自己融入到整个团队之中，凭借集体的力量，才能把个人的力量发挥到最大，才能无限放大个人的能力，并最终和团队一起取得惊人的成绩。这就是优秀员工的经验。

1+1>2，这是一个非常浅显的道理。单丝不成线，独木不成林，一根筷子轻轻被折断，十根筷子可就不易断了。个人的力量终归是有限的，只有把自己很好地和团队融为一体，才能让自己得到最好的发展。一个人只有学会与人合作，掌握团队的力量，才能让自己的事业不断向前。

晓阳是一家贸易公司的营销员，他所在的部门曾经因为团

队合作的精神十分出众，而使每一个人的业务成绩都特别突出。但是，这种和谐而融洽的合作氛围却被晓阳破坏了。

当时，公司的高层把一项重要的项目安排给晓阳所在的部门，晓阳的主管反复斟酌考虑，犹豫不决，一直没有拿出一个可行的工作方案。晓阳则认为自己对这个项目有八九成的把握，为了表现自己，他没有与主管商量，更没有贡献出自己的方案，而是越过主管，直接向总经理说明自己愿意承担这项任务，并提出了可行性方案。

他的这种做法严重伤害了部门经理，破坏了部门合作精神。结果，当总经理安排他与部门经理共同操作这个项目时，两个人在工作上不能达成一致意见，产生了重大的分歧，导致了团队内部出现分裂，合作精神涣散了，项目最终也在他们手中流产了，给公司造成了无法弥补的损失。

每一个员工都应该明白，一个员工，只有充分融入整个企业，与大家精诚合作，他的能力才能得到充分的发挥，也才能创造出更好的业绩。一味寻求个人的表现，最后只能将团队的合作秩序打乱。公司没有利润，员工只能“跑路”。只有加强与同事间的合作，做一个能够担当责任、彼此合作的好搭档，才能共同创造出优秀的业绩，实现我们的人生价值。

自以为是的人，往往不易融入团队，因为他们自我感觉良好，不愿与别人合作。但如果他们总是这样一意孤行的话，不但会使自己孤立，也容易被倡导“团队精神”的现代社会所抛弃。

在一个花园里，美丽的红玫瑰引来了人们驻足欣赏，红玫瑰为此感到十分骄傲。红玫瑰旁边一直蹲着一只青蛙，红玫瑰嫌青蛙跟自己的美丽不协调，强烈要求青蛙立即从自己身边走开。青蛙只好顺从地走开了。

没过多久，青蛙经过红玫瑰身边，它惊讶地发现红玫瑰已经凋谢了，叶子和花瓣都掉光了。

青蛙说："你看起来很不好，发生了什么事情？"

红玫瑰回答："自从你走后，虫子每天都在啃食我，我再也无法恢复往日的美丽了。"

青蛙说："当然了，我在这里的时候帮你把它们都吃掉，你才成了花园里最漂亮的花。"

有许多人都像红玫瑰一样自命清高，总认为别人对自己一点作用都没有，只到真的只剩下自己时才惊觉，原来别人对我们也是重要的。其实，我们每个人都有需要他人的地方。一个团队成员不应该只注意个人名下的辉煌业绩，更应该看到自己背后的团队成员。无法融入团队的员工不仅得不到同事的欢迎，也无法得到老板的青睐。

成功的企业也不是单独一个人创造的，因为个人的力量是有限的，创造出的成功可能是短暂的，只有团队的力量是无穷尽的，可持续发展的。个人只有依靠团队成员的支持和帮助，与团队一起成长，才能形成一股强劲的力量，才能具有活力。每一个团队成员都要深刻地认识到，一个人的成功不是真正的成功，团队的成功才是最大的成功。那种"只顾自己，不顾集体"的员工，是不受老板和同事们欢迎的。

只有把自己融入到团队中去的人才能取得大的成功。融入团队就像给自己插上了翅膀，广阔天空，将任你翱翔。

3. 信任团队，比谁都明白1+1＞2的道理

世界著名管理大师德鲁克说："企业成功靠的是团队而不是个人。"这句话说到了现代企业的关键，因为新的时代其实就是一个团队时代。

在现代经济局势中，没有任何一个人能够拥有全部资源并能独立地完成所有的事情，无论他有多么伟大、多么富裕、拥有多么大的权力，他都

不能。每一个人都必须依靠团队的力量才能将个人的能力完美地呈现。

硅谷数模半导体公司(Analagix)是一家创立于美国硅谷的华人半导体企业。硅谷数模作为一家极富创新性的芯片设计公司,自成立之初始终专注于高端数模混合芯片设计,并凭借在该领域一流的研发实力,帮助全球客户和合作伙伴取得成功。硅谷数模的经营网络遍布北美、日本、韩国、中国内地、中国台湾等地,产品已被LG、ATI、三星、海信、海尔、创维、长虹等诸多国内外知名企业大批量采用。

硅谷数模正改变着整个半导体产业的历史,在取得如此成功的背景下,公司董事长兼CEO杨可为致信公司全体员工:"我们的每一分成果,不是单凭一个人或几个人可以取得的,而是依靠整个团队的共同努力。"

在现代社会,团队的力量远远大于一个个单独的优秀人才的力量。所以,现代企业在招聘员工时,都把"良好的团队合作能力"当做一个重要的衡量指标。

美国GE(通用电气公司)连续三年被美国《财富》杂志评为"最为大众推崇的企业"。这个最受推崇的企业需要的员工应是什么样的呢?

GE(中国)有限公司人力资源总监刘蓉在接受记者采访时说:"我们需要的员工要有团队精神。善于和同事团结协作,GE认为,在现代企业里,靠单打独斗是不行的。团队精神是GE人不可缺少的精神,缺乏团队意识,不愿与别人合作,在现代企业中很难成功。"

在阿根廷的沙漠地域,翱翔着一种凶悍的兀鹰:它们矫健、迅速。奇异的是,尽管兀鹰个个都是捕捉猎物的高手,但却很少单独举动。兀鹰往往是三三两两在天空中回旋,一旦发明地面上的猎物,就从各个方面俯冲而下,在最短时光内将猎物杀死。然后,每个参与者都能获得一份食物……

科学家经过长期察看研讨，得出结论说，这都是沙漠地域自然生态恶劣、环境差、食物少造成的，因为在这种环境下，为了避免被天敌捕捉，许多弱小动物都有很强的逃生才能。而对于兀鹰来说，要想获得足够的食物，单干不如集体行动有收获。

兀鹰真是聪明的动物，懂得合作，知道合作的威力，明白 1+1>2 的道理，知道团队的力量永远大于单独的个体，这是兀鹰的生存秘诀。正因为掌握了这一秘诀，它们才能在最艰苦的环境下得以生存下去，这就是智慧。而另一种不懂得合作的动物则没有这么好的运气了。

有人曾做过这么一个试验，把七八只黄蜂同时关进一个密封的小木箱里。几天以后将它打开，发现木箱的四壁，分别呈现了七八个小洞。每个洞里各有一只死去的黄蜂，而这些小洞，最浅的也已超过了木板厚度的一半。也就是说，只要这些黄蜂能够团结合作，每一只都在同一个地位轮流钻上一段。那么它们完全可以钻通木箱，化险为夷，走出绝境。可遗憾的是，它们一个个只顾各自逃命，最后全体命丧黄泉，无一幸免。

团结合作不仅仅只是力气，有时候它甚至就是生命。懂得合作，让 1+1>2，生存就更有保障。这是动物教给我们的哲理。

今天的企业比起以往任何时候都需要协作精神，资源共享、信息共享才能够创造出高质量的产品，提供高质量的服务。特别是团队成员之间，每一个成员都具有自己独特的一面，取长补短，互相合作所产生的合力，要大于两个成员之间的力量总和，这就是“1+1>2”的道理。

大家知道，在当今世界，任何具有重大意义的科学研究、理论探索、技术工程等都不可能再凭借个人单枪匹马的奋斗而完成。1961 年，美国实施的长达 10 年的阿波罗登月计划有将近 42 万人参加，涉及两万余家公司、120 所大学。21 世纪的重大创造活动将依赖于跨国、跨地区、跨学科的人才群体的合作。在个人层面上，发展趋势也同样如此，人们事业的成功将越来越依赖于广泛的交流与合作。合作产生的力量不是简单的加法,团队合作产生的合力要大于每一个人力量的总和。

面对社会分工的日益细化、技术及管理的日益复杂,个人的力量和智慧显得苍白无力。作为一个个体,就算你才华横溢,无所不能,如果不能靠团队的力量,仅靠自己是很难创造出令人满意的业绩的。

某公司有两位刚从技术工人提升到技术管理职位的年轻管理者:李经理和王经理。

李经理认为自己作为部门经理,责任重大,觉得技术进步日新月异,部门中又有许多技术问题没有解决,很有紧迫感,每天刻苦学习相关知识,钻研技术文件,加班加点解决技术问题。他认为,问题的关键在于他是否能向下属证明自己在技术方面是如何的出色。

王经理也认识到技术的重要性和自己部门的不足,因此他花很多的时间向下属介绍自己的经验和知识;当他们遇到问题,他也帮忙一起解决,并积极地和相关部门联系和协调。

三个月后,李经理和王经理都非常好地解决了部门的技术问题,而且李经理似乎更突出。但半年后,李经理发现问题越来越多,自己越来越忙,但下属似乎并不满意,他觉得很委屈。王经理却得到了下属的拥戴,部门士气高昂,以前的问题都解决了,还搞了一些新的发明。

企业既需要独立作战的英雄,更需要能让众多伙伴合作的无名小卒。对现代企业而言,独立作战与合作是同等重要的,企业更需要的是两者的结合,只有将两者充分结合,才能适应现代企业多变的环境。

团队的力量大于个人力量之和,团队的力量是巨大的,有很多事情必须依靠团队里每一个成员的相互协作、共同努力才能完成。

企业是一艘巨大的船,要乘风破浪,要避开暗礁急流,全体船员必须有齐心协力的团队精神。在今天竞争日趋激烈的社会中，只有懂得合作的人才是具有竞争力的人才，一个人的能力是有限的，只有通过团队的合作、交流、互助，才能使企业进步，使自己达到更高的境界，只有具备团队意识的员工才是企业进步的原动力。

团队的力量是巨大的。团队的力量远大于个人力量之和，一加一等于二，这是人人都知道的算术。可用在人与人的团结合作上，那就不再是一加一等于二了，而可能等于三、等于四、等于五……合作就是力量，这是再浅显不过的道理。

美国前自由党领袖大卫·史提尔说："合作，不仅是一种工作而已。事实上，合作是一切团队繁荣的根本。"

没有合作精神的企业不可能成功，没有团队意识的员工也不可能受到企业的欢迎。因为企业比个人更明白个人能力的有限和团队力量的强大。

一个互相信任的团队，一个互相扶持的团队，一个互相依赖的团队，对于一个企业而言，是关系兴衰存亡的关键因素，也是个人获得职业发展的决定因素。一根筷子轻轻被折断，十双筷子牢牢抱成团；一个巴掌拍不响，万人鼓掌声震天。从来没有全能的个人，最完美的只能是每一个人都充分合作的团队，好员工最懂得这个道理。

4. 善用合力，和每一位同事真诚合作

如果说工作是一部大机器，员工就好比是每个零件，只有各个零件凝聚成一股力量，这台机器才可能正常启动。只有善用合力，利用每一个员工的力量，才能把工作做好。

一个业务专精的员工，如果他仗着自己比别人优秀而傲慢地拒绝合作，或者合作时不积极，总是一个人孤军奋战，这是十分可惜的。不懂得

合作,不善于借助他人力量的人是很难取得多大成就的。

王杰刚进公司时,公司还是一个只有20多人的小企业,但老板充满信心地对他说:“我知道你是一个优秀的技术专家,就像好钢要用在刀刃上一样,我要把你安排在最重要的岗位上——由你来全权负责新产品的研发,怎么样?希望你能发挥榜样的作用,充分调动其他人。你这一步走好了,企业也就有希望了!”

“我?我还很不成熟,虽然我很愿意担此重任,但实在怕有负重托呀!”虽然井深大对自己的能力充满信心,但他还是知道老板压给他的担子有多重——那绝对不是靠一个人的力量能应付过来的。

“新的领域对每个人来说都是陌生的,关键在于你要和大家联起手来,这才是你的强势所在!众人的智慧合起来,还有什么困难不能战胜呢?”老板很自信地说道。

王杰一下子豁然开朗:“对呀,我怎么光想自己,不是还有20多位员工吗?为什么不虚心向他们求教,和他们一同奋斗呢?”

他找到市场部的同事一同探讨销路不畅的问题。他们说:“产品之所以不好销,一是太笨重;二是价钱太贵,一般人很难接受,半年也卖不出一台。你能不能往轻便和低廉上考虑?”王杰点头称是。

然后他又找到信息部的同事了解情况。信息部的人说:“目前美国已采用晶体管生产技术,不但大大降低了成本,而且非常轻便。我们建议你在这方面下工夫。”他回答:“谢谢。我会朝着这方面努力的!”

在研制过程中,他又和生产第一线的工人团结合作,终于一起攻克了一道道难关，试制成功一款适销对路的产品并成功地推向市场。公司由此开始了企业发展的新纪元。

欣赏彼此的优点并互相提供帮助，是团队精神的基石。即使你非常优秀，也不要因此瞧不起别人。实际上，现代社会人才济济，每个组织成员都很优秀，都有自己独特的优势。成员之间取长补短、互相合作产生的合力，远大于成员之间的能力总和。

泰戈尔说："一朵鲜花打扮不出美丽的春天，一个人的力量总是有些单薄，只有协作才能够移山填海。"世界第一行销大师阿尔·里斯也说："很少人能单凭一己之力，迅速名利双收；真正成功的骑师，通常都是因为他骑的是最好的马。"这就是说，单凭一个人的力量是很难取胜的，只有与他人合作，借助他人的力量才能达到预期的目标。

合作精神被认为是职场中最受欢迎的精神，几乎每个公司在招聘员工时，都把合作精神作为引进人才的重要标准。一个人能够同他人协作，表明他对自己所在的团队负责，这种负责实际也是对自己的负责。其实合作就是顾全大局，一个懂得合作的人懂得"唇亡齿寒"、"皮之不存，毛将附焉"的道理，总是力求服从全局，凡事从大局着想，不会单单考虑个体的利益。

所以，在职场中，一定要学会合作，懂得欣赏他人，充分发扬每个人的长处，扬长避短，资源共享，形成合力，才能取得1+1>2的效果。

美国生物学家沃森和英国生物物理学家克里克之间的默契合作一直被科学界传为佳话。他们之间的合作也是一个相互取长补短、共同进步的范例。

1953年3月7日，沃森和克里克夜以继日、废寝忘食地工作，终于将他们想象中的DNA模型搭建成功了。

沃森和克里克的模型正确地反映出了DNA的分子结构。此后，遗传学的历史和生物学的历史都从细胞阶段进入了分子阶段。

沃森和克里克的性格并不相同。沃森的发散思维独步天下，经常能有异想天开的创举，对他来讲，没有思维和科学的框架，天马行空一样，根本不按常理出牌；而克里克正好相反，他以严谨的逻辑推理著称，没有经过严密的推理得出的结论，是不会被他认可的。

但是，他们确实是互补的一对。沃森的突发奇想，经过克里克的严密论证，促成了DNA双螺旋结构的问世。假设他们分开来研究，沃森很难使他的突发奇想成为现实，而克里克恐怕也只能在前人的理论基础上苦苦徘徊。

在一个集体中，任何人的发展都不可能是孤立的，都离不开其他人的关怀、帮助和协作。要加强一个团队的合作能力，除了打造我们的团队精神外，还必须要有真诚的心，这样才有更加完美的合作。

一个哲人曾说过这么一段话：你手上有一个苹果，我手上也有一个苹果，两个苹果加起来还是两个苹果。如果你有一种能力，我也有一种能力，两种能力加起来就不仅仅是两种能力了。这就是合作的威力。

5. 敛藏私心，和大家一起分享成功

优秀的员工甘心奉献，懂得分享。

一个良好的团队，大家通力协作，共同努力，取得的任何成绩当然也是属于大家的，成功当然也属于整个团队。就算是某个人取得了更大的成就，也千万不要忘了一起拼搏努力的其他团队成员，与他们一起分享成功的喜悦。只有分享，才能共赢。不懂得分享的人，只能共苦不能同甘的人，最终会被大家所唾弃，所不齿，被大家孤立，被大家远离。

私心人人都有，这并没有什么不好。但是，如果把私心建立在团队的

成绩之上，据团队成绩为己有，一定不会被大家接受。大家的成绩一定要由大家分享，这不仅是团队精神和合作精神，也是公平和公正的体现。优秀的员工懂得敛藏私心，知道和大家一起分享成功。如果失去分享，不仅不会享受到成功的乐趣，还会受到惩罚。

有一群猴子，发现一个高高的悬崖顶上有一串熟透了的果子，悬崖太陡峭了，仅仅靠一个猴子的力量是无法摘到果子的，于是猴子们团结起来，一个踩着一个的肩膀，搭起了“梯子”，这样，最上面的猴子摘到了果子。

摘到果子的猴子忘记了自己之所以能摘到果子，完全是大家团结合作的结果，独自在悬崖上大嚼起来，丝毫不理会下面的猴子，下面的猴子生气了，撤去了“梯子”，最上面的猴子吃完了所有的果子，却怎么也找不到下来的路，最后饿死在悬崖上。

猴子们通过团结努力获得了成功——摘到了悬崖上的果子，而最上面的猴子却独占了大家的劳动果实。从短期看，最上面的猴子占到了便宜——它自己吃到了所有的果实。但是从长远看，它占到了小的便宜，却付出了巨大的代价——它被踢出了团队，最后还丧了命。

企业中也是如此，在企业发展艰难的时候，员工们往往可以众志成城、团结一心、共渡难关，可是在取得了一定的成绩之后，原本团结的局面却往往会出现裂痕，这种可以同辛苦却不能共富贵的怪圈，几乎困扰着每一个企业。

分享才能避免劳而无功，独占易起纷争，分享才能共利。在团队里，任何的成功都是团队成员共同劳动的结果，仅仅靠一个人是不会干出任何事业来的。所以能分享才能取得更大的成功。众多的劳模用他们的实际行动为我们做出了榜样。

一汽集团的王洪军在汽车钣金整修这个技术要求越来越高的行当上成就不凡，凭借勤奋和用心练就了一身过硬的“中国功夫”,行内人称“千手观音”:他创新不止,发明了一套系统的“王洪军轿车钣金快速修复法”,并以此荣获国家科技进步二等奖,成为全国一线工人中登上国家最高科技领奖台的第一人。

面对个人的成就,王洪军冷静地说:“我只有一双手,应该让更多的人、更多的手掌握‘中国功夫’。形成一个人人能打硬仗的团队。那才是我们汽车工业战线上能真正大展宏图的‘千手观音’。”

曾有一件事让他更深刻地意识到培养过硬技术人才队伍的重要性。一天晚上,王洪军接到公司的紧急抢修电话,正赶上爱人上夜班,他只好带着3岁的女儿赶赴车间。他把女儿放到停在公司门口的车里,不想一干起活儿来就把女儿给忘了,等他用了3个多小时抢修完出来打开车门一看,女儿早就哭得不成样子了。他忍不住眼泪夺眶:“一个人浑身是铁能打几个钉?”

从此后,为造就一支过硬的钣金整修团队,为一汽乃至中国汽车产业的发展,他在带徒弟、练人才上更加不遗余力、呕心沥血,用自己的全部热忱和信念诠释着新一代汽车产业工人的宽广胸怀。

一批批一线工人的成长进步,一个个身怀绝技的技术能手的涌现,使人们越来越多地领略到了王洪军“千手观音”团队的风采。

2002年8月,公司销售服务站接到郑州用户的求援电话,有170多台车被特大冰雹砸坏。全国好多地方请去的钣金专家都束手无策,都说不做腻子无法修复,而打腻子就会影响汽车使用寿命。大众公司为解决用户燃眉之急,派王洪军组成6人抢修小分队赶赴郑州。靠着他们的钣金绝技,没用添加剂,没打腻子,仅用18天就完成了178台受灾车的整修工作。

2005年,大众公司从德国进口一批新车身,有1700多台“白车身”的后门锁处存在表面缺陷。这一位置属于三层板,有死点,有弧度,很难修理。外国专家认为中国人无法修复,建议聘请国际知名的荷兰专家,但每台修理费用需2700元。王洪军主动请缨,带领他的“千手观音”团队,连夜翻阅资料,一个方案一个方案地推敲,并先在报废车上反复试验,终于找到了解决方法。结果只用近一个月时间,1700多台“白车身”就全部修复合格,不仅为企业节约资金近500万元,更为新车顺利投产立下了头功。

在王洪军的精心培养训练下,一汽已形成了一支200多人的高技能钣金整修队伍,成为干精品轿车的精锐部队,很多人都成了钣金整修的小专家,成为所有车型整修线上分兵把口、攻坚克难的带头人。

分享越多,成就越大。可见分享并不会减少成就感,反而会使你更自信,队伍更壮大,成绩更显著。所以,真正优秀的员工,从来不怕分享成果、不怕分享技术,更不怕分享成功。

唐钢一炼钢厂炼钢炉长郑久强先后创立了10多项技术革新操作方法,都拿出来和工友们一起分享。别人说他傻,他却说:“大企业最需要团队协作,仅凭一个人孤掌难鸣。”

他把多年积累的工作经验和操作要领写成《磁选钢渣在150吨转炉冶炼上的应用》、《转炉炼钢的脱硫方法》等论文,并打印成册,人手一份发下去,让大家一同进步。

在他的帮助与带动下,小组成员人人都能炼出20多种钢,各项经济指标、技术指标始终在全厂名列前茅。

还有许多优秀的技术带头人、劳动模范、技术能手也都是懂得分享、乐于分享、甘心分享的人。

袁政海也是欣然地把自己的经验和技艺跟大家分享的人。

作为他当年的竞争对手、曾经的同班同学、如今在江铃集团模具厂是最要好的搭档的方悦说，“技术是一个技工的饭碗，这一行业的竞争很激烈，谁的技术高谁的工资就高、谁的饭碗就端得稳。按理说，自己的技术是不会轻易告诉别人的，但袁政海却毫不保留地把技术传授给我们”。

大家把袁政海带的这个班组也索性命名为“袁政海班组”。这个班组有着超凡的战斗力和成就，“名师出高徒”这句话一点也不假。这些年在袁政海的带领下，他们获过48次各种殊荣，成为技师的就有7个，持有四项以上技能“上岗证”的有16人，这些都是厂里其他班组比不上的。

劳动模范李斌的分享是尽自己所能，把自己所会的传授给其他更多的人。

李斌不但自己取得了卓越的成就，在他的技术指导和精神引领下，“李斌班组”成长为一个优秀的团队，李斌也实现了从“个人创佳绩”到“群体争一流”的跨越。班组里陈峥嵘、王祺伟等业务骨干先后荣获市劳动模范、市新长征突击手等光荣称号，小组也获得了市红旗班组、上海市模范集体、全国先进班组、全国五一劳动奖状等荣誉称号。李斌和“李斌班组”直接参与开发20余项新产品开发项目，使企业累计增加销售上千万元。

“李斌班组”里的同事遇到技术难题就去请教李斌，李斌每次都是有问必答。而且还结合实际自编教材，向班组成员讲授基础理论，开展技术培训，探讨实际操作，带领大家共同进步。

“从一开始对数控机床一知半解到如今能够熟练操作，我们的每一次进步都离不开李师傅的帮助。”这是大家的共识。

2002年五一前夕，全国第一个以普通工人名字命名的“李斌学校”宣告成立；2003年8月，“李斌学校”又升格为“上海电气李斌技师学院”。

从事数控机床操作20多年的李斌深深懂得知识与实践结合的重要性,他一改性格内向的习惯,满怀热情地走上讲台向学员传授自己的心得经验。课堂上,李斌讲得来劲,学员们也听得认真。听课的同学们都说,每次上课都觉得有收获,现在高精尖的产品都必须用数控机床加工,我们一定要珍惜这次机会,把学到的知识和李斌的实践经验应用到生产中去。

现在,各行各业的学员都来学院深造,上海电气李斌技师学院正逐步发展成为培养高级技术工人的基地。

许振超的分享是与他所有的同事一起共进步、同发展,打造一流的团队。

在青岛港,许振超的“冠军团队”也是“绝活团队”,每个人都练就了一手过硬的技能;“振超效率”这个词慢慢地也扩展为“振超效应”,就像一块投入湖中激起涟漪的石子一样,“学振超、赶振超”成为最实际和振奋人心的口号,激情的共振效应,振出了非凡的成功。

工友们从身边的许振超感受到了劳动光荣,看到了当工人也有辉煌的前途,有着受人尊敬的地位,真切体验到主人翁精神。因此青岛港“学振超精神,建三型团队、五好岗位,创一流业绩”的活动高潮迭起。短短几年间,青岛港一共涌现出了1200多项绝活、评比出4256名先进模范群体以及十大员工品牌、十大行业名牌,并最终创造保持了集装箱、矿石、纸浆装卸三大世界纪录!

学会分享,越分享越有乐趣;帮助别人,越帮助越让人生有意义。所以,分享和帮助,实际上,就是在成就自己。

据说有这么一位美国的农场主,他凭借着勤奋和智慧培养出了一种产量和品质都很好的作物，每年都获得当地农会竞赛的最高荣誉“蓝带奖”，而得奖后他也一定将他获奖的最佳品种分送给他的邻居们。大家都觉得奇怪，难道他不怕别人得了他的秘诀，以后胜过他？他微笑着答道：“我无法避免因风吹而使邻居的花粉飘到我的田里。倘若我不将好的种子分享给每个邻人，那么飘过来的花粉不好，也必然会使我的田地里产出不好的品种。唯有在我周围的品种都是好的，才能保证我的田里产出最好的品种。而我在得奖之后，不会就此松懈偷懒、坐享其成，而要仍然继续努力研究改良。因此我能连续不断地获得最高荣誉，因为当别人赶上我去年的水准时，我早已又往前迈了一大步。所以我从来不担心别人超越我，相反，若有人超越我，将带给我精益求精的动力，让我追求更大的进步空间。”

这位农场主真是世间少有的深味分享真谛的人。

真正优秀的员工，当老板宣布他被提升或者受到奖励的时候，往往都非常谦虚，在享受荣誉的时候，他绝对不会忘了感谢那些和自己一起努力或者曾经帮助过自己的人，让所有曾经参与的人都分享这一荣誉和喜悦。这样的员工，大家往往乐于看到他的成功，当他获得成功的时候往往得到的是赞许和掌声。而且大家以后会更努力地团结在他周围，去争取更大的成功——因为大家都知道，不管取得多大的成功，他都不会忘记曾经帮助过自己的人，大家都会有所回报。

6. 乐于助人，使他人变得伟大

从前有人问上帝，天堂和地狱到底有什么区别。上帝对他说：“随我来吧，让你看看什么是天堂什么是地狱。”

于是，他们走进一个房间。那里有一群人围坐在一大锅肉汤前,不过每个人都是面黄肌瘦、营养不良。原来,他们都拿着一只可以够到锅里的汤匙,但汤匙的柄比他们的手臂还长,根本无法将食物送进嘴里。所以,每个人只能眼睁睁看着一锅香喷喷的肉汤枉自兴叹。在饥饿的折磨下,他们个个眉头紧锁、神情愁苦。

"我们再看看什么是天堂。"上帝说。

上帝带着他走进另一个房间。这里和第一个房间完全相同:一锅汤、一群人、一样的长柄汤匙。但奇怪的是,这里人都吃得饱、睡得香,一个个满面红光,十分快乐。

"这究竟是为什么呢?"那个人不禁问道。

"因为他们都把自己汤匙的汤送到对面人的嘴里,在相互帮助下,每个人都吃饱了。"上帝笑着道。

你看,帮助别人也就是帮助了自己,有着互帮互利的精神就是天堂,不能互帮互利就是地狱!天堂和地狱原来只隔着一线!每个人都可以拥有天堂,就看是否愿意主动去帮助别人,助人就是助己。

搬开别人脚下的绊脚石,就是在为自己铺路。尤其在日常工作中,谁都难免遇到这样或那样的困难。这时候,我们更应该及时对别人施以援手。因为无论在哪里,为帮助别人而付出的任何一种努力都不会白费,使他人变得伟大,自己也会因此而伟大!

2002年的中秋节,在微软中国公司工作的员工,听说公司决定给大家发月饼,都不以为然。可令大家有些摸不着头脑的是,公司只是向他们索要两个他们最希望月饼到达的地址,并没有真正给他们直接发月饼。

对这事,许多人都不太放在心上。于是,大家就按照公司的要求,提供了两个地址。大家提供的地址五花八门,有自己父母的,有过去同窗的、老师的,甚至还有同事的地址。

中秋节到来的那天，令人想象不到的是，几乎不约而同，大家都收到了一份格外珍贵的礼物——别人打给自己的电话。这些电话，有的是朋友打来的，电话里充满了赞美和羡慕之情；有的是父母或亲戚打过来的，是告诫他们好好珍惜现在在微软工作的机会。这些电话，毫无疑问，令许多人都很感动，很自豪。

后来，大家才知道，公司帮他们将月饼送达到目的地的同时，又在月饼中附带了一张小卡片。卡片上写了这么两段文字：第一段文字里，充满了感激之情；而第二段文字，则描述了他们所工作的那家公司——我们的公司是世界上最优秀的公司，特别是我们所在的分公司又是微软全球分公司中最好的，世界上最优秀的员工在我们公司，我们很自豪，所以我们也希望：作为我们员工的朋友或家人的你也会很自豪！

这件事情令许多在微软中国工作的员工感动不已。卡片上文字背后的捉刀人，正是当时微软中国区的总裁唐骏。

现代企业内部最大的问题是：采取淘汰制，员工之间竞争激烈，团队合作是永恒难题。唐骏却在微软尝试灌输“让他人变得伟大”的理念：首先，由员工选出 20 个“公司最优秀员工”，人们往往倾向于选择那些帮助过自己的人；其次，他宣布未被评上过的人，将无法享有各类晋升机会。于是最初对评选无所谓的人，也有了想获奖的冲动。

实行一年后，接下来的员工满意度调查，北京公司排名很快从原来的亚洲倒数第二，上升到全球销售公司中满意度最高的公司，业绩也得到了大幅增长。唐骏在微软中国时，员工的满意度连年位列全球 82 家分公司之首。

在唐骏带领下，微软中国发生了惊人的转变，之前业绩不佳、士气低落的微软中国，当年的销售业绩迅猛提升，连微软总部的盖茨都极为震惊。后来的两年,微软中国一直是微软公司全球80多家子公司中业绩最好、员工满意度最高的公司。微软中国也因此出现了一个可圈可点的“唐骏时代”。

2002年,微软召开全球峰会。唐骏激动地发现,每个人胸前的卡片上都写着:“Make Others Great(让他人变得伟大)。”他的理念后来成了微软公认的七大文化之一。

2004年3月,唐骏决定离开工作了10年之久的微软。比尔·盖茨亲自致电挽留,言辞恳切,并破天荒地将微软历史上唯一一个“终身荣誉总裁”授予了他。之后,他到盛大,将盛大打造成中国最有实力的网络公司。2008年,他“转会”到新华都,身价10亿元,被人们称为当代中国的“打工皇帝”。

至今,在他个人的名片上,你仍然能够看到这样一句话——让他人变得伟大。

让他人变得伟大,也会让自己变得伟大!

伟大并不是强要让他人出名、得利,而是要让他人有成就感。你的帮助、你的鼓励、你的支持,你的赞美,都是让他人变得伟大的方法。在与同事的合作中,我们不要吝啬赞美、表扬、支持和鼓励,有时候,只需要这些也可以让他人有成就感,让他人变得伟大起来。

在《哪一种生活对你有意义》一书中,奥地利著名心理学家艾德勒指出:“不关心别人的人,反而遇到的困难最大,给别人造成的伤害也最大,也正是这种人的存在,导致了人类的种种失败。不关心别人的人,别人自然也不会关心他,也就更谈不上齐心协力共同做事了。”

当我们为了某个目标走到一起时,这个团队的内部成员之间,就立即产生了一种唇齿相依的关系。能否实现预期目标,取决于团队中每个成员是否彼此负责,最终对整个团队负责!

雪中送炭,远胜过锦上添花。当别人在工作中遇到困难时,我们有责任向他们伸出援手，因为帮助别人就是帮助自己。我们必须像互相咬合的齿轮，紧紧地靠在一起，才能共同发挥作用。只有这样，我们的组织才是成功的组织，我们才是真正值得骄傲和自豪的优秀员工！

附　录

测试：你是合格员工还是优秀员工？

1. **如果你要去近郊的一处旅游胜地，你更倾向于选择以下哪种交通工具：**

A. 步行 5 分

B. 自行车 4 分

C. 公交车 3 分

D. 租车 1 分

作为一名年轻员工，具有踏实、能吃苦、有耐性的品质是企业更加欢迎的，因此选择步行或自行车的通常能反映出本人的这种潜质。

2. **你知道你的一名同事拿了一台公司淘汰下来的旧电脑而没有申报，你会：**

A. 私下里批评他，并设法用最合适的方法让他把电脑拿回来 5 分

B. 若与自己利益冲突，再报告公司 1 分

C. 装作不知道 2 分

D. 向公司报告，并认为这样的员工应该开除 4 分

在职场里，好的人际关系的处理方法能把问题解决得更好。

3. **大厦外，飞来一艘宇宙飞船，你会：**

A. 不予理会 1 分

B. 看到有人进去后没发生什么事，才会进去 3 分

C. 思考，不知这是何物 2 分

D. 马上跑进去察看 5 分

你对周围的事物或环境的是否敏感，对新事物是否有好奇心，这对一名年轻的员工来讲，好奇心也很重要，好奇心往往是创新的动力源泉。

4.如果你的同事有较难闻口臭或体味，你会：

A.躲避三尺 2分

B.跟他直说 3分

C.时常暗示或提示他 4分

D.非常烦恼 1分

在工作中，我们总是会遇到一些棘手的或烦恼的事情，你是主动去解决还是躲避它，在职场中，很多事情是无法躲避的，必须要迎上去解决它。

5.平时与你关系疏远的同事突然对你表示亲近起来，你的反应是：

A.感动 3分

B.该怎样还怎样 4分

C.他一定是有求于我 2分

D.小心提防或回避 1分

一个优秀的员工，做事要有主见有想法，有时需要克服自己内心的自卑感和挫败感。

6.业余时间你喜欢：

A.基本不阅读 1分

B.主要阅读自己喜欢的书籍 4分

C.很随意，什么书都行 2分

D.主要阅读专业类书籍 5分

学习兴趣和学习方向，学习能力是员工获得发展的一个重要能力。

7. 别人告别时，下次相会的时间地点是：

A.通常是对方提出来的 3分

B.通常是我提出来的 5分

C.他不提，我也不提 1分

员工的工作主动性和责任感是非常重要的。

8. 是否在寒暄之后，很快就能找到双方共同感兴趣的话题？

A. 是的，对此我很敏感 5 分

B. 我觉得这很难 1 分

C. 需要对方引导 2 分

D. 必须经过一段时间长谈后才能 3 分

倾听是沟通中一个重要能力。

9. 假若别人谈到了你兴趣索然的话题，你将：

A. 显得沉默，忍耐 2 分

B. 引导别人到自己感兴趣的话题上 4 分

C. 仍然认真听，从中找到乐趣 5 分

D. 打断别人，另起话题 0 分

一个优秀员工应当具有良好的职业成熟度。

10. 我的上司对待我的方式是：

A. 吹毛求疵，使我经常不得安宁 0 分

B. 有错误就批评，有成绩就表扬 3 分

C. 一有机会就批评我 2 分

D. 给了我很多具体的帮助 4 分

在职场上，通常把态度分为对人、对己、对事三个方面，如何看待上司是对人态度中的一个重要的方面。积极地正面地看待别人，对你的成长有很大的帮助。

11. 和我意见不相同的那些同事是：

A. 有理由坚持自己看法的 5 分

B. 性情古怪的 1 分

C. 缺乏经验的 2 分

D. 智力上比我强的 4 分

你是否具有与同事相处的技巧，你怎样看待你的同事，是你与同事的关系是否融洽的一个重要体现。

12. 当同事批评我时，我通常的反应是：

A. 保持沉默 4 分

B. 分析他(她)为什么批评我 5 分

C. 为自己辩解 3 分

D. 遇到机会，也会对他进行批评 1 分

考察你的自我认知能力，面对挫折时如何处理。

13. 在工作中遇到棘手的问题，我通常是：

A. 很少请人帮忙 3 分

B. 向自己的好朋友请教 4 分

C. 向比我懂得多的同事请教 5 分

D. 自己解决，实在不行，才跟上司说 2 分

问题的解决是组织追求的结果，因此，解决问题和管理问题的方式方法，都是为结果服务的。

14. 我在部门或团队会议上的活动是：

A. 我总是参与讨论 5 分

B. 我认为有价值的我才说 3 分

C. 我了解的问题我才参加讨论 4 分

D. 我一般不参加讨论 1 分

工作的主动性以及团队合作精神是一个优秀员工应该具有的素质。

15. 对上司临时安排的额外工作，我通常是：

A. 心里有怨言，但还是会去做 2 分

B. 会把工作转交给其他的同事去做 3 分

C. 很乐意地接受并积极完成 5 分

D. 除非有加班费 0 分

工作态度决定你在职场的发展。

60 分以上：你已经具备了成为一名优秀员工的良好潜质，做事踏实、稳重，有计划有条理。工作态度积极主动，富有责任感，对新事物好奇，有

上进心。善于沟通和处理人际关系,有良好的学习能力、解决问题的能力和团队合作精神。

40 分以上:你已经具备了一名员工的基本素质,但还有需要加强和改进的空间,如果要在职场上实现自己的工作愿望和目标,还需要在工作态度、问题解决的方式方法、人际关系的处理与维护等方面多下工夫。

40 分以下:也许你刚刚步入职场,在相当多的地方还有所欠缺,建议你给自己做一个学习计划,从各方面提升自己的能力,相信你成为一名企业欢迎的优秀员工的目标很快就会实现。

脑筋急转弯

1. 最清楚天上星星有多少的是谁？

天知道。

2. 什么情况下，一山可容二虎？

老虎恋爱了。

3. “以牙还牙”是什么意思？

拔牙镶牙。

4. 某女孩长得既难看又没钱，却有两个帅哥为了娶她而大打出手，一决生死。为什么？

谁输谁娶她。

5. 胆小鬼吃什么可以壮胆？

狗胆。（包天）

6. 什么时候老二最爽？

老大不在。

7. 关公为什么死得那么凄惨？

红颜（脸）薄命。

8. 第二次龟兔赛跑时，兔子用尽全力，依然败阵。为什么？

终点在海上。

9. 最不能在光天化日下见人的是什么东西？

胶卷。

10. 一只凶猛的猫见到一只老鼠时，拔腿就跑。为什么？

猫要追鼠。

11. 小张夫妇结婚十几年,没有生一个孩子,却有自己的孩子。为什么?

生的是多胞胎。

12. 三个人共撑一把伞,而伞只有一人打,三人却都没有淋湿。为什么?

没下雨。

13. 小李初一时是十二岁,为什么初三了还是十二岁?

只隔一天。

14. 小王参加百人呼啦圈赛,一直坚持到最后一刻,却被取消了冠军资格。为什么?

太胖卡住了。

15. 现代人为什么越来越"言而无信"?

电话的出现。